Aporofobia, el rechazo al pobre

Adela Cortina

Aporofobia,
el rechazo al pobre

Un desafío para la democracia

Obra editada en colaboración con Editorial Planeta – España

Diseño de portada: Planeta Arte & Diseño
Fotografía de portada: © Perfectlab – Shutterstock

© 2017, Adela Cortina Orts

© 2017, Espasa Libros S.L.U. – Barcelona, España
    De todas las ediciones en castellano

Derechos reservados

© 2020, Ediciones Culturales Paidós, S.A. de C.V.
Bajo el sello editorial PAIDÓS M.R.
Avenida Presidente Masarik núm. 111, Piso 2
Colonia Polanco V Sección, Miguel Hidalgo
C.P. 11560, Ciudad de México
www.planetadelibros.com.mx
www.paidos.com.mx

Primera edición impresa en España: mayo de 2017
ISBN: 978-84-493-3338-5

Primera edición impresa en México: enero de 2020
ISBN: 978-607-747-846-1

Impreso en los talleres de Impresora Tauro, S.A. de C.V.
Av. Año de Juárez 343, Col. Granjas San Antonio,
Delegación Iztapalapa, C.P. 09070, Ciudad de México
Impreso y hecho en México / *Printed in Mexico*

SUMARIO

INTRODUCCIÓN

A lo largo del año 2016 llegaron a España algo más de setenta y cinco millones de turistas extranjeros. A las razones habituales para elegir nuestro país como destino turístico se sumaron los graves problemas surgidos en otros lugares, con lo cual aumentó notablemente el número de visitantes, que por lo general es ya muy alto. Los medios de comunicación fueron dando la noticia con un entusiasmo rayano en la euforia, desglosando la cantidad un mes tras otro, y con el mismo entusiasmo la recibieron los oyentes, porque el turismo es la principal fuente de ingresos en España desde hace tiempo, pero aún más después del descalabro sufrido por el penoso capítulo de la construcción y el desastre de la crisis económica, financiera y política. Crear empleo, que podría ir dejando de ser precario poco a poco, subir las cifras de la ocupación hotelera con todo lo que eso implica para bares, restaurantes y tiendas de todo tipo, es una de las promesas que siempre lleva aparejado el mundo del turismo.

Naturalmente, esos turistas vienen de otros países, son extranjeros, y esa es una excelente noticia. Incluso en ocasiones pertenecen a otras etnias y a otras razas, con todas las dificultades que entraña aclarar qué es eso de las etnias y las razas. En cualquier caso, si hubiera que buscar un adjetivo para designarlos, en español sería «extranjero», y en griego, «*xénos*». Un término, por desgracia, bien conocido, porque da lugar al vocablo *xenofobia*, que significa rechazo, miedo o aversión al extranjero, al que viene de fuera, al que no es de los nuestros, al forastero.

Pero si esto es así, surge una pregunta que, curiosamente, nadie plantea: ¿despiertan esos turistas extranjeros al venir a nuestro país un sentimiento de xenofobia en la población española, esa expresión que, desgraciadamente, está de actualidad? ¿Se sienten rechazados, producen miedo o aversión, que es lo que significa en griego el vocablo «*fóbos*»?

Pocas veces una pregunta ha tenido más fácil respuesta: no despiertan el menor rechazo, sino todo lo contrario. Las gentes se esfuerzan por atenderles en los hoteles, en las tiendas, en los apartamentos, en las playas y en las casas rurales. No sólo les explican con todo detalle el trayecto más adecuado cuando preguntan una dirección, sino que incluso les acompañan hasta el lugar concreto. Se desviven por lograr que se encuentren a gusto, igual o mejor que en su propia casa. Que vuelvan es el deseo más extendido.

Imposible, pues, hablar aquí de *xenofobia*, por mucho que el término esté constantemente en la calle y en los medios de comunicación. Más bien tendríamos que hablar de *xenofilia*, de amor y amistad hacia el extranjero. *Hacia este tipo de extranjero*.

Claro que todo esto puede hacerse por elemental cortesía, por un básico sentido de hospitalidad ante el que viene de fuera, por un deseo natural de compartir con él las playas, el buen clima y el patrimonio artístico. A fin de cuentas, viene de antiguo la bien labrada tradición de la hospitalidad en Oriente y en Occidente, y muy especialmente en los países del sur de Europa.

Pero, desgraciadamente y si bien se piensa, no debe ser tan elemental esa actitud de acogida al forastero cuando se compara con otros casos de personas que también han venido de fuera de España en 2016 y desde mucho antes. Han venido del otro lado del Mediterráneo, se han jugado la vida, y la han perdido muchas veces por llegar a esa supuesta Tierra Prometida que es la Unión Europea.

Sólo que en este caso no se trata de turistas, dispuestos a dejar dinero, más o menos según sus recursos o su prodigalidad. Se trata de refugiados políticos y de inmigrantes pobres. *Son otro tipo de extranjeros*. Su éxodo viene de muy lejos en el espacio y en el tiempo. No les trae a nuestro país el atractivo del sol, las playas, la belleza natural y artística, y mucho menos nuestra proverbial hospitalidad, que con ellos ha dejado de serlo. Les arrancan de sus hogares la guerra, el hambre, la miseria, se ponen en manos de mafias explotadoras, embarcan en pateras e intentan por todos los medios llegar a nuestras costas. Miles de ellos mueren en el mar, y para los que llegan el suplicio continúa a través de tierras inhóspitas, poblaciones adversas, lugares de internamiento en pésimas condiciones y riesgo de devolución en caliente. El único, ínfimo consuelo, es que aquí no cabe añorar las ollas de Egipto, como hicieron los israelitas, según cuenta el libro del Éxodo.

Como sabemos, la crisis de refugiados políticos se recrudece en Europa desde 2007, y todavía más, desde 2011 con el comienzo de la guerra de Siria; aunque también es cierto que, al menos desde 2001, millones de personas huyen de conflictos bélicos. Con todo, puede decirse que, junto con la llegada de los inmigrantes pobres, la crisis migratoria hacia Europa a partir de 2015 es la mayor después de la segunda guerra mundial. Sus protagonistas son personas desesperadas que huyen de Siria, Libia, Afganistán, Eritrea, Nigeria, Albania, Pakistán, Somalia, Irak, Sudán, Gambia o Bangladés, fundamentalmente a través de Grecia e Italia. Sus historias no son ficticias, sino contundentemente reales.

Los medios de comunicación dan la noticia un día tras otro, un mes tras otro, un año tras otro, con la atonía, con el conformismo y el discurso plano de lo que se cuenta como irremediable, cuando en realidad no lo es.

Es imposible no comparar la acogida entusiasta y hospitalaria con que se recibe a los extranjeros que vienen como turistas con el rechazo inmisericorde a la oleada de extranjeros pobres. Se les cierran las puertas, se levantan alambradas y murallas, se impide el traspaso de las fronteras. Angela Merkel pierde votos en su país, incluso entre los suyos, precisamente por haber intentado mostrar un rostro amable y por persistir en su actitud de elemental humanidad, Inglaterra se niega a recibir inmigrantes y apuesta por el Brexit para cerrar sus filas, sube prodigiosamente el número de votantes y afiliados de los partidos nacionalistas en Francia, Austria, Alemania, Hungría, Holanda, y Donald Trump gana las elecciones, entre otras razones, por su promesa de deportar inmigrantes mexicanos y de levantar una muralla en la frontera con México. Y, al parecer, algunos de los votos provenían de antiguos inmigrantes, ya instalados en su nueva patria.

Realmente, no se puede llamar *xenofilia* al sentimiento que despiertan los refugiados políticos y los inmigrantes pobres en ninguno de los países. No es en modo alguno una actitud de amor y amistad hacia el extranjero. Pero tampoco es un sentimiento de *xenofobia*, porque lo que produce rechazo y aversión no es que vengan de fuera, que sean de otra raza o etnia, no molesta el extranjero por el hecho de serlo. *Molesta, eso sí, que sean pobres*, que vengan a complicar la vida a los que, mal que bien, nos vamos defendiendo, que no traigan al parecer recursos, sino problemas.

Y es que es el pobre el que molesta, el sin recursos, el desamparado, el que parece que no puede aportar nada positivo al PIB del país al que llega o en el que vive desde antiguo, el que, aparentemente al menos, no traerá más que complicaciones. De él cuentan los desaprensivos que engrosará los costes de la sanidad pública, quitará trabajo a los autóctonos, es un potencial terrorista, traerá valores muy sospechosos y removerá, sin duda, el «estar bien» de nuestras sociedades, en las que indudablemente hay pobreza y desigualdad, pero incomparablemente menor que la que sufren quienes huyen de las guerras y la miseria.

Por eso no puede decirse que éstos son casos de xenofobia. Son muestras palpables de *aporofobia*, de rechazo, aversión, temor y desprecio hacia el pobre, hacia el desamparado que, al menos en apariencia, no puede devolver nada bueno a cambio.

Sin duda, existen la xenofobia y el racismo, el recelo frente al extranjero, frente a las personas de otra raza, etnia y cultura, la prevención frente al diferente. Por desgracia, su realidad está más que comprobada con datos. Como existen la misoginia, la cristianofobia, la islamofobia o la homofobia. Aunque algunas gentes se quejen de que en la vida corriente hablamos en exceso de fobias, lo bien cierto es que, por desgracia, existen, son patologías sociales y precisan diagnóstico y terapia. Porque acabar con estas fobias es una exigencia del respeto, no a «la dignidad humana», que es una abstracción sin rostro visible, sino a las personas concretas, que son las que tienen dignidad, y no un simple precio.

Sin embargo, no es de esas actitudes de rechazo de las que nos queremos ocupar en este libro, sino de esa aversión que se encuentra en la raíz de muchas de ellas y que va aún más lejos: de la *aporofobia*, del desprecio al pobre, del rechazo a quien no puede devolver nada a cambio, o al menos parece no poder hacerlo. Y por eso se le excluye de un mundo construido sobre el contrato político, económico o social, de ese mundo del dar y el recibir, en el que sólo pueden entrar los que parecen tener algo interesante que devolver como retorno.

Ante cualquier oferta explícita o implícita, la pregunta que se hace a sí mismo el destinatario es «¿y yo qué gano con eso?». Somos seres de carencias y necesitamos suplirlas con la educación, pero también con lo que los demás pueden darnos. De esta necesidad nace el Estado de Derecho, que dice asegurarnos protección si cumplimos con nuestros deberes y responsabilidades. De ella nacen las grandes instituciones del mundo político, económico y cultural, con el compromiso de arropar a los ciudadanos, que siempre son vulnerables. Pero los pobres parecen quebrar este juego del toma y daca, porque nuestra mente calculadora percibe que no van a traer más que problemas a cambio y por eso prospera la tendencia a excluirlos.

De esa realidad innegable y cotidiana de la aporofobia, de la necesidad de ponerle un nombre para poder reconocerla, como también de buscar sus causas y proponer algunos caminos para superarla trata este libro. Le importa hacerlo porque la aporofobia es un atentado diario, casi invisible, contra la dignidad, el bienser y el bienestar de las personas concretas hacia las que se dirige. Pero además porque, como actitud, tiene un alcance universal: todos los seres humanos son aporófobos, y esto tiene raíces cerebrales, pero también sociales, que se pueden y se deben modificar, si es que tomamos en serio al menos esas dos claves de nuestra cultura que son el respeto a la igual dignidad de las personas y la compasión, entendida como la capacidad de percibir el sufrimiento de otros y de comprometerse a evitarlo.

Como siempre, un libro está en deuda con muchas personas que, consciente o inconscientemente, han contribuido a elaborarlo. Sus nombres irán apareciendo a lo largo de estas páginas, pero no quiero dejar de mencionar desde el comienzo a Emilio Martínez Navarro, que ha venido trabajando en este desafío de la aporofobia desde que nació la idea, tanto en la teoría como en la práctica. Y a mi grupo de trabajo, que reúne a profesores e investigadores de las universidades de Valencia, Castellón, Murcia y Politécnica de Valencia. A Jesús Conill, Domingo García-Marzá, Salvador Cabedo,

Juan Carlos Siurana, Elsa González, José Félix Lozano, Agustín Domingo, Francisco Arenas, Sonia Reverter, Pedro Jesús Pérez Zafrilla, Javier Gracia, Pedro Jesús Teruel, Ramón Feenstra, Patrici Calvo, Lidia de Tienda, Daniel Pallarés, Joaquín Gil, César Ortega, Andrés Richart y Marina García Granero. Los debates, las discusiones, el diálogo continuo sobre estos temas han sido el humus del que se ha ido nutriendo este libro.

Por otra parte, el trabajo del grupo ha sido posible en el marco de los Proyectos de Investigación Científica y Desarrollo Tecnológico FFI2013-47136-C2-1-P y FFI2016-76753-C2-1-P, financiados por el Ministerio de Economía y Competitividad, y en las actividades del grupo de investigación de excelencia PROMETEO/2009/085 de la Generalitat Valenciana. Y, en mi caso, que la Universidad de Valencia me concediera un semestre sabático durante el curso 2015/16 para la elaboración del libro fue una excelente ayuda.

A todos ellos, mi más cordial agradecimiento.

Valencia, enero de 2017

Capítulo 1

UNA LACRA SIN NOMBRE

Muchos años después, frente al pelotón de fusilamiento, el coronel Aureliano Buendía había de recordar aquella tarde remota en que su padre le llevó a conocer el hielo. Macondo era entonces una aldea de veinte casas de barro y cañabrava construidas a la orilla de un río de aguas diáfanas que se precipitaban por un lecho de piedras pulidas, blancas y enormes como huevos prehistóricos. El mundo era tan reciente, que muchas cosas carecían de nombre, y para mencionarlas había que señalarlas con el dedo.[1]

1. DE LA XENOFOBIA A LA APOROFOBIA

Al comienzo de esa novela extraordinaria que es *Cien años de soledad*, Gabriel García Márquez recrea el escenario del libro del Génesis, pero en esta ocasión no lo sitúa entre los ríos Tigris y Éufrates, en el Jardín del Edén, sino en Macondo, la aldea colombiana en que transcurre la historia de la familia Buendía. Y, como en el texto bíblico, cuenta que en el origen de los tiempos muchas cosas carecían de nombre, por eso para mencionarlas había que señalarlas con el dedo.

Ciertamente, la historia humana consiste, al menos en cierta medida, en ir poniendo nombres a las cosas para incorporarlas al mundo humano del diálogo, la conciencia y la reflexión, al ser de la palabra y la escritura, sin las que esas cosas no son parte nuestra. Sobre todo, porque las casas de barro y cañabrava y las piedras pulidas del río pueden señalarse con el dedo, pero ¿cómo mencionar las realidades personales y sociales para poder reconocerlas, si no tienen un cuerpo físico?

Es imposible indicar con el dedo la democracia, la libertad, la conciencia, el totalitarismo, la belleza, la hospitalidad o el capitalismo financiero; como es imposible señalar físicamente la xenofobia, el racismo, la misoginia, la homofobia, la cristianofobia o la islamofobia. Por eso, estas realidades sociales necesitan nombres que nos permitan reconocerlas para saber de su existencia, para poder analizarlas y tomar posición ante ellas. En caso contrario, si permanecen en la bruma del anonimato, pueden actuar con la fuerza de una ideología, entendida en un sentido de la palabra cercano al que Marx le dio: como una visión deformada y deformante de la realidad, que destilan la clase dominante o los grupos dominantes en ese tiempo y contexto para seguir manteniendo su dominación. La ideología, cuanto más silenciosa, más efectiva, porque ni siquiera se puede denunciar. Distorsiona la realidad ocultándola, envolviéndola en el manto de la invisibilidad, haciendo imposible distinguir los perfiles de las cosas. De ahí que la historia consista, al menos en cierta medida, en poner nombres a las cosas, tanto a las que pueden señalarse con el dedo como, sobre todo, a las que no pueden señalarse porque forman parte de la trama de nuestra realidad social, no del mundo físico.

Así ha ocurrido con la xenofobia o el racismo, tan viejos como la humanidad misma, que ya cuentan con un nombre con el que poder criticarlos. Lo peculiar de este tipo de fobias es que no son producto de una historia personal de odio hacia una persona determinada con la que se han vivido malas experiencias, sea a través de la propia historia o de la historia de los antepasados, sino que se trata de algo más extraño. Se trata de la animadversión hacia determinadas personas, a las que las más de las veces no se conoce, porque gozan de la característica propia de un grupo determinado, que quien experimenta la fobia considera temible o despreciable, o ambas cosas a la vez.

En todos los casos, quien desprecia asume una actitud de superioridad con respecto al otro, considera que su etnia, raza, tendencia sexual o creencia —sea religiosa o atea— es superior y que, por lo tanto, el rechazo del otro está legitimado. Éste es un punto clave en el mundo de las fobias grupales: la convicción de que existe una relación de asimetría, de que la raza, etnia, orientación sexual, creencia religiosa o atea del que desprecia es superior a la de quien es objeto de su rechazo. Por eso se consideran legitimados para atacarle de obra y de palabra, que, a fin de cuentas, es también una manera de actuar.

En esta tarea de legitimar opciones vitales más que dudosas tiene un papel importante nuestro cerebro interpretador, que se apresura a tejer una historia tranquilizadora para poder permanecer en equilibrio. Y esta interpretación de la superioridad es una de las que más funcionan en la vida cotidiana, aunque esa presunta superioridad no tenga realmente la menor base biológica ni cultural.

Como veremos en el próximo capítulo, en los países democráticos, que se pronuncian a favor de la igualdad en dignidad de todos los seres humanos, reconocer los casos de xenofobia, racismo, homofobia y maltrato, y combatirlos, es ya una tarea que corresponde al Derecho y a la policía, y es una tarea bien ardua, no sólo porque rara vez se denuncian los delitos o las incidencias de odio, ni tampoco porque no existe preparación suficiente para gestionarlos. Es verdad que en todos esos casos resulta enormemente difícil discernir cuándo la soflama que se lanza contra un determinado grupo, de una forma u otra, es un discurso que incurre en delito de odio, que debe estar legalmente tipificado y debe ser castigado por incitar al odio, y cuándo es un caso de libertad de expresión. Pero lo peor de todo es que abundan los partidos políticos que apuestan por el discurso xenófobo como seña de identidad y como incentivo para ganar votos. Y, desgraciadamente, les da buen resultado, sobre todo en épocas de crisis, cuando echar mano de un chivo expiatorio resulta muy rentable para quienes no tienen nada positivo que ofrecer.

Sin duda, las actitudes xenófobas y racistas, que son tan viejas como la humanidad, sólo en algún momento histórico fueron reconocidas como tales, sólo en algún momento las gentes pudieron señalarlas con el dedo de su nombre y evaluarlas desde la perspectiva de otra realidad social, que es el compromiso con el respeto a la dignidad humana. Es imposible respetar a las personas concretas y a la vez atacar a algunas de ellas por el simple hecho de pertenecer a un grupo, sea de palabra o de obra, porque la palabra no invita únicamente a la acción de violar la dignidad personal, sino que a la vez es ella misma una acción.

Sin embargo, y a pesar de que el termómetro de la xenofobia ha subido una gran cantidad de grados en países de la Unión Europea, sobre todo desde el comienzo de la crisis, mirando las cosas con mayor detención no está tan claro, como hemos comentado, que en la raíz de este ascenso se encuentre sólo una actitud como la xenofobia.

Por traer a colación un segundo caso, después del que mencionamos en la Introducción a este libro, el 25 de junio de 2016, apenas conocido el resultado del referéndum británico, que se pronunciaba a favor del *brexit*, aunque fuera por un margen muy escuálido, la prensa trajo dos noticias interesantes que afectaban a Gran Bretaña y a España. En Gran Bretaña las gentes se sentían preocupadas, entre otras cosas, porque los emigrantes españoles que trabajaban en el sector sanitario alcanzaban una elevada cifra entre médicos y enfermeras y eran, además, de una excelente calidad. Se trataba de inmigrantes cualificados, muy bien formados, que permitían engrosar el PIB del país y mejorar el bienestar de la población.

Naturalmente, por muy extranjeros que fueran, no había el menor interés en expulsarlos, sino que más bien era un alivio percatarse de que el proceso de abandono de la Unión Europea iba a ser tan largo que no había que preocuparse de que tan buenos profesionales tuvieran que dejar el país. El famoso «*in-in*», «*out-out*» quedó entre paréntesis en cuanto el pragmatismo de un lado y otro aconsejó ir construyendo muy pausadamente el proceso de separación. La célebre afirmación «*Brexit is brexit*» fue un bello rótulo para una absoluta vaciedad. Nadie sabe en qué va a consistir ese proceso de salida de Gran Bretaña de la Unión Europea que, al parecer, nadie quiere, incluidos muchos de los que votaron por el «sí» y después denunciaron a sus dirigentes por haberles mentido.

Pero lo más notable es que al mismo tiempo en España nos preguntábamos por la suerte de una gran cantidad de inmigrantes británicos, afincados en las costas españolas, sobre todo, al sur y al este del país, que suponen buenos ingresos allá donde se instalan. Claro que en este caso los extranjeros sacaban buenos réditos del sol y de la Seguridad Social, pero también a España le interesaba su permanencia en nuestra tierra. Y, curiosamente, también en este caso suponía un balón de oxígeno el desconcierto ante el proceso que había que seguir por el Brexit, dada la ambigüedad del famoso artículo 50 del Tratado de la Unión Europa.

En conclusión, el personal sanitario español, bien formado, interesa a Reino Unido, y los jubilados británicos, que vienen a España a disfrutar del clima en sus últimos tiempos, interesan a España. Ni asomo de aversión en ninguno de los dos casos; no parece que sea el extranjero, por el hecho de serlo, el que produce rechazo. Tal vez genere inseguridad en el trato, porque la diferencia de idioma y costumbres resta esa familiaridad que se tiene con los de igual lengua y tradiciones, pero no parece generar aversión y rechazo.

Y es que no repugnan los orientales capaces de comprar equipos de fútbol o de traer lo que en algún tiempo se llamaban «petrodólares», ni los futbolistas de cualquier etnia o raza, que cobran cantidades millonarias pero son decisivos a la hora de ganar competiciones. Ni molestan los gitanos triunfadores en el mundo del flamenco, ni rechazamos a los inversores extranjeros que montan en nuestro país fábricas de automóviles, capaces de generar empleo, centros de ocio, a los que se da el permiso de fumar en sus locales y bastantes privilegios más. Y todo ese largo etcétera de aportaciones extranjeras que aumentan el PIB.

Por el contrario, lo cierto es que las puertas se cierran ante los refugiados políticos, ante los inmigrantes pobres, que no tienen que perder más que sus cadenas, ante los gitanos que venden papelinas en barrios marginales y rebuscan en los contenedores, cuando en realidad en nuestro país son tan autóctonos como los payos, aunque no pertenezcan a la cultura mayoritaria. Las puertas de la conciencia se cierran ante los mendigos sin hogar, condenados mundialmente a la invisibilidad.

El problema no es entonces de raza, de etnia ni tampoco de extranjería. El problema es de pobreza. Y lo más sensible en este caso es que hay muchos racistas y xenófobos, pero aporófobos, casi todos.

Es el pobre, el *áporos*, el que molesta, incluso el de la propia familia, porque se vive al pariente pobre como una vergüenza que no conviene airear, mientras que es un placer presumir del pariente triunfador, bien situado en el mundo académico, político, artístico o en el de los negocios. Es la fobia hacia el pobre la que lleva a rechazar a las personas, a las razas y a aquellas etnias que habitualmente no tienen recursos y, por lo tanto, no pueden ofrecer nada, o parece que no pueden hacerlo.

2. Historia de un término

La convicción de que el rechazo al pobre está más extendido y es más profundo que los demás tipos de aversión, que es una realidad personal y social contundente, como muestra hasta la saciedad la vida cotidiana, fue el contenido de una columna que publiqué hace más de un par de décadas en un diario nacional. José Antonio Marina y yo compartíamos una sección del *ABC Cultural*, que llevaba por título «Creación ética», y allí ofrecíamos una vez por semana artículos, comentarios de libros y columnas, referidos a ese extenso ámbito de la ética, que allí se entendía al modo anglosajón y francés como *morals* en sentido amplio, como esa reflexión sobre la acción humana que incluye lo que en el mundo de habla hispana se denomina moral, pero también la economía y la política. Como lo entendía Adam Smith que, precisamente por ser profesor de filosofía moral, se ocupó de los sentimientos morales, pero también de averiguar cuál es la causa de la riqueza y la pobreza de las naciones. Política y economía formaban parte también de nuestra «Creación ética», porque sin ellas quedaba mutilado el mundo moral.

Fue el 1 de diciembre de 1995 cuando publiqué una columna que llevaba por título «Aporofobia». Me refería en ella a una Conferencia Euromediterránea que tenía lugar en Barcelona en esos días y que pretendía poner sobre el tapete temas candentes en los países del área mediterránea; temas que hoy siguen siendo, como entonces, la inmigración, el terrorismo o los procesos de paz, y a los que habría que añadir la crisis y el desempleo. Era fácil presumir que expertos de todo el mundo dirían que el racismo, la xenofobia y los fundamentalismos religiosos son los mayores problemas del área mediterránea. Pero entendía yo —y sigo entendiendo— que en la base de todos ellos estaría como siempre un tipo de rechazo, aversión y miedo, que tenía por destinatarios a los pobres, aunque todavía no se le reconociera con un rótulo.

Poner un nombre a esa patología social era urgente para poder diagnosticarla con mayor precisión, para intentar descubrir su etiología y proponer tratamientos efectivos. Ése podía ser un objetivo muy propio de la cultura mediterránea, acostumbrada desde Sócrates al diálogo, que es, por definición, una actividad inclusiva. Precisamente por eso, el diálogo de finales del siglo xx debía ocuparse de un tema tan urgente como es el de incorporar a los necesitados al disfrute de lo que por nacimiento les corresponde, al disfrute de una vida material y culturalmente digna.

Convencida de que no se rechaza tanto a los extranjeros como a los pobres, busqué en mi diccionario de griego de los tiempos del bachillerato un término para designar al pobre, al sin recursos, y encontré el vocablo *áporos*. Contando con él me permití construir el término «aporofobia» por analogía con «xenofobia» y con «homofobia».

Un segundo jalón en la historia del nombre fue un capítulo del libro de texto que un equipo de profesores elaboramos para la editorial Santillana y que se publicó por vez primera en 1996. Domingo García-Marzá, M.ª Begoña Domené, Emilio Martínez, Juan Manuel Ros, Norberto Smilg y yo misma llevamos adelante esa empresa, que fue apasionante. Se trataba del texto titulado *Ética. La vida moral y la reflexión ética*, una asignatura de 4.º de la Enseñanza Secundaria Obligatoria, que tenía dos virtudes insólitas en nuestro país en estos asuntos: ningún grupo político o social puso jamás el menor reparo a ella, y nadie exigió tampoco que compitiera en el currículum escolar con ninguna otra asignatura. Ojalá hubiera seguido vigente así, como ética sin alternativa, y nos hubiéramos ahorrado muchas disputas estériles.

Como el título mostraba claramente, el libro debía plantearse a dos niveles de reflexión y lenguaje: el de la vida cotidiana, en el que las personas nos atenemos a distintas pautas de conducta moral, sean ideales, normas o proyectos de vida feliz, y el de la reflexión que la ética o filosofía moral ha hecho y hace sobre nuestro quehacer moral de la vida cotidiana para tratar de encontrar fundamentos para las normas, los ideales o los proyectos.

En el capítulo sexto del libro se planteaba un reto tan decisivo para el respeto a la dignidad de las personas y para la convivencia democrática como la discriminación social y económica, que es un hecho innegable. Tras explicar que la discriminación es un hecho social y en qué consiste, un segundo punto llevaba por título «Aporofobia: el relegado es el pobre y el discapacitado». Acompañado por ese extraordinario texto de Eduardo Galeano, «Los nadies», el capítulo analizaba el mal de la aporofobia, y sugería como solución la que vamos a intentar esbozar en este libro brevemente, que es la construcción de la igualdad desde la educación y desde las instituciones.

A continuación, el texto añadía otras formas de discriminación social, como el racismo o la homofobia, pero también el rechazo que sufre un buen número de personas por otras características menos presentes cuando se habla de exclusiones, como el físico o la ancianidad. El mensaje era claro: una cultura moral y política, basada en el respeto a la igual dignidad de todas las personas, debería superar estas formas de discriminación cotidiana.

Un tercer jalón en la historia que venimos contando del término «aporofobia» fue un artículo que publiqué en *El País* el 7 de marzo de 2000. En él brindaba a la Real Academia Española el neologismo «aporofobia» por ver si aceptaba incluirlo en el *Diccionario de la Lengua Española*. Siguiendo las pautas del diccionario, proponía que figurara en él con una caracterización como la siguiente: «Dícese del odio, repugnancia u hostilidad ante el pobre, el sin recursos, el desamparado». Y añadía por más señas que en ese ilustrativo paréntesis que siempre sigue al vocablo podría decir: «(Del gr. *á-poros*, pobre, y *fobéo*, espantarse)».

Es una expresión que, según creo, no existe en otras lenguas, y tampoco estoy muy segura de que sea la mejor forma de construirla. Pero lo indudable es que resulta urgente poner nombre al rechazo al pobre, al desamparado, porque esa actitud tiene una fuerza en la vida social que es aún mayor precisamente porque actúa desde el anonimato. Justamente porque su realidad incontestable no tiene una existencia reconocida, no se la puede desactivar.

Sin duda, la Real Academia de la Lengua Española utiliza criterios para introducir una nueva palabra en un diccionario tan rico que acoge con todo acierto expresiones de todos los países hispanohablantes. Por lo que sé, los criterios más comunes son que el término aparezca en obras clásicas de la lengua española o que proceda de una lengua extranjera y haya pasado a usarse de modo habitual. De hecho, una gran cantidad de voces inglesas se ha incorporado en los últimos tiempos al acervo de nuestra lengua. Pero, a mi juicio, debería existir una razón, tan poderosa o más que las dos mencionadas, y es que designe una realidad tan efectiva en la vida social que esa vida no pueda entenderse cabalmente sin contar con ella.

Desgraciadamente, la vida cotidiana no puede entenderse sin poner nombre a ese mundo de fobias como las mencionadas que, como veremos, consisten en el rechazo a personas concretas por tener una característica que las inscribe en un determinado grupo al que se desprecia o teme, o ambas cosas a la vez, precisamente por gozar de esa característica. En ese mundo existe el rechazo al pobre, la aporofobia.

Convendría, pues, creo yo, atender a un criterio tan difícilmente discutible como el de poner nombre a una realidad social tan presente y dolorosa, no por engrosar las páginas del diccionario, sino por ayudar a reconocerla, por instar a estudiar sus causas y por ver si la damos por buena o si, por el contrario, es preciso superarla. Y es necesario hacerlo porque el rechazo al pobre degrada a quien lo practica y es un atentado cotidiano contra la dignidad de personas concretas, con nombres y apellidos. No «contra la dignidad humana», que es una abstracción, sino contra la dignidad y el bienser de las personas de carne y hueso que sufren el rechazo. Cuando, por si faltara poco, como nos proponemos defender en este libro, no hay nadie que no pueda dar algo a cambio. Es éste un aspecto en el que también insiste Emilio Martínez, autor de la voz «aporofobia» en el *Glosario para una sociedad intercultural*, que la Fundación Bancaja publicó en 2002.

Y por ir dando fin al relato, conviene apuntar que el término «aporofobia» ha despertado el interés de mucha gente comprometida en el empeño de empoderar a los pobres. Se organizan congresos y encuentros de Organizaciones Cívicas con ese rótulo, la Fundación RAIS hace uso de él para explicar mejor las situaciones de violencia a las que se ven sometidas las personas sin hogar, como comentaremos en el próximo capítulo, también recurren a él algunos análisis recientes de las políticas de integración de los inmigrantes en Europa, como las publicaciones del profesor Silveira Gorski, se encuentra a menudo en los medios de comunicación para caracterizar la conducta de maltrato a mendigos e indigentes, e incluso algún trabajo de fin de grado lo ha tomado como tema de estudio. Por su parte, Wikipedia ha recogido el término en su diccionario, y el Ministerio del Interior recurre a él para tipificar un delito de ofensas a los pobres.

Pero lo más significativo, a mi juicio, es que cuando hablo de la aporofobia en una ponencia, en una conferencia o en una charla a uno u otro lado del Atlántico, los oyentes, sean jóvenes o mayores, sonríen y asienten con absoluta complicidad, como diciendo: «Sí que es verdad, eso es lo que nos pasa en la vida diaria».

Decía Ortega que lo que nos pasa es que no sabemos lo que nos pasa, por eso es decisivo ir tomando conciencia de lo que nos pasa también en este cotidiano rechazo al pobre. Porque cuando percibo la sintonía de las gentes al explicar qué es eso de la aporofobia me doy cuenta de que estamos dando con una realidad muy nuestra, demasiado nuestra.

Conocerse a sí mismo era el consejo socrático con el que empezó la primera Ilustración, la que tuvo patria en la Grecia clásica. En una línea semejante caminaba la invitación kantiana a servirse de la propia razón en la segunda Ilustración que alumbró el Siglo de las Luces. Saber cada vez más acerca de nosotros mismos, reconocer que existe esa forma de discriminación, a la que he puesto el nombre «aporofobia» a falta de uno mejor, preguntar por sus causas y buscar caminos viables para superarla es uno de los retos de nuestro tiempo. El nombre es solo un camino para el reconocimiento, porque, como decía un excelente profesor mío, Fernando Cubells, las cuestiones de palabras son solemnes cuestiones de cosas.

A lo largo de este libro intentaremos ofrecer un antídoto frente a esta lacra, que requiere el concurso de la educación formal e informal y la construcción de instituciones que caminen en esa dirección. Ese antídoto será el respeto activo a la igual dignidad de las personas en la vida cotidiana, que exige el reconocimiento cordial de esa dignidad. Y será el cultivo de la compasión, pero no de cualquier forma de compasión, sino de la que Stefan Zweig describía en el comienzo de su espléndida novela *Impaciencia del corazón* con las siguientes palabras:

> Existen dos clases de compasión. Una cobarde y sentimental que, en verdad, no es más que la impaciencia del corazón por librarse lo antes posible de la emoción molesta que causa la desgracia ajena, aquella compa-

sión que no es compasión verdadera, sino una forma instintiva de ahuyentar la pena extraña del alma propia. La otra, la única que importa, es la compasión no sentimental pero productiva, la que sabe lo que quiere y está dispuesta a compartir un sufrimiento hasta el límite de sus fuerzas y aún más allá de ese límite.[2]

Reconocimiento de la igual dignidad y compasión son dos claves de una ética de la razón cordial, que resultan innegociables para superar ese mundo de discriminaciones inhumanas.[3]

Capítulo 2

LOS DELITOS DE ODIO AL POBRE

1. La clave del odio: ¿el que desprecia o el despreciado?

El 17 de marzo de 2016 varios diarios españoles relataron un hecho bochornoso que había sucedido en Madrid el día anterior. Un buen número de personas se encontraba en la Plaza Mayor disfrutando de un día de sol antes del comienzo de un partido de fútbol entre el Atlético de Madrid y el PSV Eindhoven de Holanda. Un grupo de mendigas gitanas pedía limosna en la plaza y en ella entraron también los hinchas del equipo holandés. Con una actitud de prepotencia, los hinchas daban limosna a las mujeres, pero humillándolas, echándoles monedas, obligándolas a bailar y a hacer flexiones ante ellos. Periodistas de distintos diarios calificaron el caso como una expresión de aporofobia, y pidieron opinión a distintas personas: a Emilio Martínez, a mí misma y a miembros del Observatorio Hatento y de la Fundación Secretariado Gitano. Todos convinimos en calificar el hecho como una muestra evidente de discriminación, aporofobia y machismo que vulnera el derecho a la dignidad del que todo ser humano es titular, y añadimos otras observaciones situadas en esa misma línea.

Sin embargo, los primeros comentarios que aparecieron en la red al hilo del relato del diario *El Mundo* se situaban en las antípodas de nuestras apreciaciones. Uno de los comentaristas decía haber sido testigo del hecho y aseguraba que las mujeres no estaban mendigando, sino robando, que eran bandas de gitanas rumanas que tratan de desvalijar a turistas y españoles en vez de trabajar. Y apostillaba rotundo: «Es una lacra que da a Madrid una imagen vergonzosa». Lamentaba también que se las tomara como víctimas y concluía con una apreciación sarcástica: «A este ritmo el Gobierno les da un piso (y no lo digo en broma)». Un segundo comentarista opinaba que los hinchas tal vez sienten aporofobia porque han visto reportajes sobre el negocio del limosneo y porque no están acostumbrados a que les agüen sus momentos de ocio con acordeones ruidosos y peticiones de limosna. La pregunta parece imponerse: ¿dónde reside la causa de las fobias, en el que desprecia o en el despreciado?

En este caso no resulta muy difícil responder a la cuestión, porque alguien a quien se pide limosna puede no darla por muy distintos motivos que no guardan relación alguna con el rechazo y el desprecio. Puede preferir colaborar con organizaciones solidarias que están atentas a las necesidades sociales y prestan ayuda con conocimiento de causa y sentido de la justicia, y no promocionar la petición de limosna que siempre es degradante. Puede instar al Ayuntamiento de su ciudad a que haga uso del dinero público para atender a las necesidades básicas como una prioridad indiscutible. Pero lo que no es en modo alguno de recibo es la humillación, la prepotencia, ese miserable hacer sentir la superioridad de quien en buena ley no tiene un ápice más de dignidad que su víctima. La fuente de la que surgen el odio y el desprecio es el que odia, no el despreciado.

En su libro *El discurso del odio* defiende André Glucksmann la convicción de que el odio existe, que es preciso superar el «buenismo» y aceptar la existencia del odio, y dedica los tres grandes apartados del texto al análisis de tres versiones del odio, actuales y a la vez de antigua raigambre: el antiamericanismo, el antisemitismo y la misoginia. En los tres casos, entiende Glucksmann que la clave del odio reside en quien odia, no en el colectivo objeto del odio, «la clave del antisemitismo —afirma— es el antisemita, no el judío».[1] Una clave que haremos nuestra a lo largo de este libro, porque quien lleva incorporada una fobia siempre la justifica culpando al colectivo al que desprecia, lo cual no deja de ser una coartada.

2. Delitos de odio, discurso del odio: dos patologías sociales

En noviembre de 2015 recibí una carta de Luis Carlos Perea, director de Desarrollo Estratégico de la Fundación RAIS, en la que me comentaba que el concepto de aporofobia estaba siendo útil a su fundación para explicar mejor determinadas situaciones de violencia, en concreto, las que sufren las personas sin hogar. El *sinhogarismo* es un problema social sangrante, porque muestra un grado extremo de vulnerabilidad en quien lo padece. Quien no tiene siquiera la protección de un hogar, por precario que sea, no posee ni un mínimo de intimidad para su vida cotidiana, ni goza tampoco de una ínfima protección frente a agresiones externas, frente a tratos degradantes, está a disposición de cualquier descerebrado con ganas de divertirse un rato a su costa, o de cualquier resentido deseoso de volcar en alguien su rencor. Carecer de hogar supone una ruptura relacional, laboral, cultural y económica con la sociedad, es una clara situación de exclusión social. El *sinhogarismo* es la expresión de una suprema vulnerabilidad.

Junto con otras organizaciones, RAIS había impulsado la creación de un Observatorio de Delitos de Odio contra Personas sin Hogar, que lleva el nombre de Hatento. Desde esa plataforma habían llevado a cabo una investigación con una muestra de personas sin hogar, que había arrojado resultados alarmantes. Según el texto que recogía esos resultados, una de cada tres personas sin hogar ha sido insultada o ha recibido un trato vejatorio y una de cada cinco ha sido agredida físicamente. Respecto a los agresores, destaca que casi un 30 % de ellos son personas jóvenes, que «están de fiesta».

Por su parte, Cáritas, FACIAM (Federación de Asociaciones de Centros para la Integración y Ayuda a Marginados) y fePsh (Federación de Entidades de Apoyo a las Personas sin Hogar) lanzaron el 27 de noviembre de 2016 una campaña con el lema «Nadie sin hogar», que incidía en cuatro puntos fundamentalmente: que nadie duerma en la calle; que nadie viva en alojamientos de emergencia por un periodo superior al necesario; que nadie resida en alojamientos temporales más de lo estrictamente necesario, y que ningún joven termine sin hogar como consecuencia de la transición a la vida independiente. Según el informe de Cáritas Española *¿En qué sociedad vivimos?* hay cuarenta mil personas sin hogar en nuestro país.

Esta situación de indefensión y vulnerabilidad es ya en sí misma un resultado de la aporofobia, de la actitud de desprecio al pobre, de desatención generalizada. Pero, además, como todas las actitudes, en determinadas condiciones puede llevar a cometer delitos por acción, y no sólo por omisión; en este caso, contra las personas en situación de exclusión, o en riesgo de exclusión. Estos delitos reciben hoy en día un nombre muy significativo, y es el de *delitos de odio* (*hate crimes*). Según el Ministerio del Interior, por la expresión «delitos de odio» pueden entenderse «todas aquellas infracciones penales y administrativas, cometidas contra las personas o la propiedad por cuestiones de "raza", etnia, religión o práctica religiosa, edad, discapacidad, orientación o identidad sexual, situación de pobreza y exclusión social, o cualquier otro factor similar, como las diferencias ideológicas».[2] Desde una perspectiva sociológica se pueden entender como «actos de violencia, hostilidad e intimidación, dirigidos hacia personas seleccionadas por su identidad, que es percibida como "diferente" por quienes actúan de esa forma».[3]

Según el informe de Hatento, estrechamente ligados a este tipo de delitos se encuentran otros dos tipos de patologías sociales de los que es preciso distinguirlos: los incidentes de odio y el discurso del odio.

Los *incidentes de odio* se producen cuando hay constancia de un comportamiento de desprecio y maltrato a personas por pertenecer a un determinado colectivo, pero ese comportamiento no cumple el requisito de estar tipificado como delito. Obviamente, el hecho de que no puedan considerarse delitos no les resta importancia, y no solo porque pueden degenerar en conductas delictivas, sino, sobre todo, porque el ámbito de lo moral es más amplio que el del derecho, y tanto la actitud de desprecio a otros como las actuaciones en que se plasma son expresión de un carácter mal forjado, de una situación degradada.

En cuanto al *discurso del odio* (*hate speech*), es también, por desgracia, tan antiguo como la humanidad. Consiste en cualquier forma de expresión cuya finalidad consista en propagar, incitar, promover o justificar el odio hacia determinados grupos sociales, desde una posición de intolerancia. Con este tipo de discursos se pretende estigmatizar a determinados grupos y abrir la veda para que puedan ser tratados con hostilidad. De hecho, el Comité de Ministros del Consejo de Europa lo define como «toda forma de expresión que difunda, incite, promueva o justifique el odio racial, la xenofobia, el antisemitismo u otras formas de odio basadas en la intolerancia».[4]

Como vemos, el número de ejemplos es abrumador. La xenofobia, la aversión extremada al extranjero; la homofobia, el odio a las personas homosexuales; la fobia a musulmanes, cristianos o gentes de cualquier religión; y también la aporofobia, el desprecio al pobre e indigente, forman una parte de ese catálogo de grupos a los que se dirige el discurso del odio.

Ciertamente, distinguir entre el discurso y el delito no es tarea fácil. La diferencia esencial consistiría en que los delitos son actos criminales motivados por la intolerancia y el sentido de superioridad del agresor, que deben reunir al menos dos requisitos: el comportamiento debe estar tipificado como delito en el Código Penal, y puede consistir en un maltrato vejatorio o en una agresión física, entre otros; y la motivación del acto debe basarse en un prejuicio hacia un determinado grupo social.[5] El delito implica entonces una infracción penal o administrativa.

Realmente, en la práctica cotidiana resulta extremadamente difícil distinguir entre el discurso y el delito, como veremos más adelante, pero por el momento trataremos de espigar las características comunes a esas patologías sociales que se consideran motivadas por el odio. Para lograrlo puede ser de ayuda una fábula de La Fontaine, que André Glucksmann recuerda en su libro *El discurso del odio*.

3. La fábula del lobo y el cordero

Hace unos meses, al acabar de pronunciar una ponencia en un congreso sobre este tema, un colega me preguntó si el discurso y el delito del odio no pueden ser, a fin de cuentas, expresión de un sentimiento de injusticia, la reacción indignada de quien ha sido maltratado por personas de un determinado grupo o de una determinada clase. Y llevaba razón, al menos en parte, porque no es extraño que reaccionen violentamente quienes han sido dañados y ofendidos. Una reacción semejante no tiene por qué ser la expresión de un odio injustificado, sino que bien puede ser el resultado de un sentimiento profundo de injusticia que alienta un odio ganado a pulso y estalla en indignación. Sin duda, las injusticias, sufridas personalmente o por grupos enteros, humillados y ofendidos, producen indignación y pueden cristalizar en odio. Pero no es a ese tipo de odio al que se refieren los delitos y los discursos de los que hablamos, porque se caracterizan precisamente por no dirigirse contra las personas que podrían haber causado un daño, sino, indiscriminadamente, contra un colectivo. Naturalmente, las agresiones pueden dirigirse a personas concretas, pero no por ser ellas, sino por pertenecer a un grupo. No se dirigen contra «esta persona», sino contra «un mendigo», «un refugiado», «una mujer», «una cristiana» o «una musulmana». La fábula de La Fontaine que recoge Glucksmann en su libro es esclarecedora en este sentido, porque contiene, a mi juicio, los rasgos de estas patologías.

Como suele suceder en las fábulas, los personajes son dos animales, en este caso un lobo y un cordero, que, por decirlo de alguna manera, entablan un diálogo. «Por decirlo de alguna manera», porque en realidad es un monólogo, en el que el lobo lleva el peso del discurso, mientras que el cordero es como la pared de un frontón, a la que no se concede más protagonismo que permitir que el discurso rebote. La fábula dice así:

—...Y sé que de mí hablaste mal el año pasado.
—¿Cómo pude hacerlo si no había nacido? —dijo el cordero—. Aún mamo de mi madre.
—Si no fuiste tú, sería tu hermano.
—No tengo.
—Pues fue uno de los tuyos:
porque no me dejáis tranquilo,
vosotros, vuestros pastores y vuestros perros.
Me lo han dicho: tengo que vengarme.
Allá arriba, al fondo de los bosques
se lo lleva el lobo, y luego se lo come.
Sin más juicio que ése.

Ciertamente, el discurso del lobo es un ejemplo palmario de lo que significa el discurso del odio, pero también el delito de odio, porque reúne características que los distinguen de otros tipos de discursos y delitos.

En principio, el discurso se dirige contra un individuo, pero no porque ese individuo haya causado daño alguno al hablante, sino porque goza de un rasgo que le incluye en un determinado colectivo. En el colectivo de «los tuyos», que es diferente del de «los nuestros». En este caso, «los tuyos» son los corderos; en otros casos son las gentes de otra raza (racismo), de otra etnia (xenofobia), de otro sexo (misoginia), de otra tendencia sexual (homofobia), de una determinada religión (cristianofobia o islamofobia) o de un estrato social precario (aporofobia).

Los hinchas del PSV no conocían a las mujeres que pedían limosna en la Plaza Mayor, ninguna de ellas les había hecho daño ni a ellos ni a las gentes que tomaban el sol en la plaza, pero pertenecían a un colectivo, el de los mendigos, que ellos debían considerar despreciable por el modo en que se comportaron.

Esta característica diferencia a los discursos y delitos del odio de otras violaciones, porque las víctimas no se seleccionan por su identidad personal, sino por pertenecer a un colectivo, dotado de un rasgo que produce repulsión y desprecio a los agresores. Cada una de las víctimas podría ser intercambiada por otra del grupo con la que comparte el rasgo hacia el que se dirigen la intolerancia y el rechazo del agresor. Es el caso de las gentes que profesan una determinada religión, comparten una determinada ideología, forman parte de alguna raza o etnia o grupo despreciados por los delincuentes. Por eso no es necesario haber tenido ninguna relación anterior con la persona agredida, sino que puede ser totalmente desconocida para el agresor, porque el móvil de la agresión es el desprecio hacia esa característica determinada, no alguna mala experiencia personal anterior.

Por desgracia, ejemplos hay en número infinito. El diario *El País* daba la noticia el 11 de octubre de 2016 de que dos individuos de 29 y 28 años habían intentado quemar a una indigente en Daroca, asaltándola cuando dormía a la intemperie. Fueron los vecinos los que apagaron el fuego con cubos de agua y auxiliaron a la mujer. Y así podríamos multiplicar al infinito expresiones de ese odio frente al desvalido, que no ha causado ningún daño al agresor. Por su parte, un artículo de *La Vanguardia* de 2015 sobre este asunto recogía tres casos sumamente expresivos. La presidenta de VOX en Cuenca había recibido una paliza por parte de gentes que despreciaban su posición política, gentes incapaces de tolerar una ideología distinta a la suya, hasta el punto de llegar a la violencia física con una persona concreta. En Granada, un hombre sin hogar había sido apaleado por la sencilla «razón» de aporofobia. Y en Almería, un joven gay había sufrido una agresión por una «razón» de homofobia en este caso (28 de agosto de 2015).

La misoginia, la aversión a las mujeres que se ha plasmado y se plasma en una apabullante cantidad de ideologías, está en la raíz del empeño en impedir el acceso de las mujeres a la vida pública, de relegarlas a cumplir un papel en la familia, el convento o el burdel, sin permiso para salir a la calle sino con un varón, teniendo que pedir autorización para salir al extranjero, sin derecho a voto, y sufriendo esas masivas masacres que se siguen perpetrando en diversos países por el hecho de ser mujeres.[6] No por ser «esta mujer», sino por ser «*una* mujer».

Lo mismo que sucede cuando el delito se comete contra *un* homosexual, *un* transexual, *un* musulmán, *un* judío, *un* cristiano o *un* pobre por el hecho de serlo. Claro que el daño se dirige contra una persona determinada o contra un grupo determinado de personas, pero no por ser ellas, sino por ser una, un, unos, unas. Ese insufrible artículo indeterminado que parece justificar cualquier atropello contra las personas concretas, dañarlas física y moralmente, privarlas de la autoestima, del acceso a la participación pública o de la vida.

Y esto sucede en los lugares más corrientes, en las universidades, en las empresas, en la política, cuando se eliminan posibles competidores, no demostrando su falta de competencia, sino desacreditándoles a través de ese impresentable mundo de la rumorología en el que tienen tanto éxito los artículos indeterminados, presentados en la forma de «es un/una», «pertenece a». Por eso es tan importante en cada uno de los casos de la vida cotidiana tratar de detectar con fino olfato quiénes son las víctimas, porque a menudo no es evidente.

Una segunda característica de los delitos de odio es que se estigmatiza y denigra a un colectivo atribuyéndole actos que son perjudiciales para la sociedad, aunque sea difícil comprobarlos, si no imposible, porque en ocasiones se remiten a una historia remota que ha ido generando el prejuicio, o se forman a través de murmuraciones y habladurías.

Los lobos pueden relatar historias sobre los pastores y sobre los perros de los rebaños que los desacrediten a todos ellos, sin necesidad de que hayan nacido todavía. Una buena parte de la población rechaza a cualquier mendigo porque le han dicho que en realidad pertenecen a mafias, y que en general molestan, los antisemitas cuentan con un sinfín de leyendas negras sobre los judíos, y los que desprecian a las religiones recuerdan las hazañas de las diversas inquisiciones que actuaron en siglos anteriores y guardan un sospechoso silencio sobre actuales inquisiciones que nada tienen que ver con la religión. Por eso, la cuestión no es «este cordero», «esta mendiga», «este judío», «este cristiano» con sus nombres y apellidos, sino la disolución de la persona en el colectivo.

En tercer lugar se sitúa al colectivo en el punto de mira del odio, precisamente porque las leyendas negras pretenden justificar la incitación al desprecio que la sociedad debería sentir hacia él, según los inventores de esas leyendas. Y, en ocasiones, alientan acciones violentas contra sus miembros. «Me lo han dicho: tengo que vengarme» es el mensaje de obediencia al que se somete el lobo.[7] Repasar la historia de las incitaciones a la violencia contra minorías vulnerables sería el cuento de nunca acabar.

Quienes desean librarse de los refugiados políticos y los inmigrantes pobres dicen que vienen a quitar el trabajo, aprovecharse de la seguridad social y, en los últimos tiempos, que incluyen entre sus filas a terroristas enviados por el Estado Islámico, dispuestos a cometer atentados como los de París, Niza, Bruselas, Fráncfort o Berlín. Por desgracia, Donald Trump no es el único que piensa de ese modo.

El caso del tunecino Anis Amri, sospechoso de haber causado la masacre de Berlín el 18 de diciembre de 2016, dio fuerza a los partidos aporófobos y xenófobos, porque se trataba de un refugiado que desembarcó en Lampedusa en 2011 y fue acogido en una familia por ser menor de edad. En estos casos, la reacción de los partidos y de las gentes que quieren cerrar filas frente a los pobres que vienen de fuera es la de extender la sospecha y el rechazo a todo el colectivo de refugiados e inmigrantes que vienen a nuestras tierras en condiciones infrahumanas. Éste es el elemento distintivo de los delitos de odio, que no se dirige a cada persona por ser quien es, sino por el colectivo al que pertenece.

En cuarto lugar, quien pronuncia el discurso o quien comete el delito de odio está convencido de que existe una *desigualdad estructural* entre la víctima y él, cree que se encuentra en una posición de superioridad frente a ella. Y utiliza el discurso para seguir manteniendo esa sensación de superioridad, como sucede con la ideología, entendida al modo marxiano como una visión deformada y deformante de la realidad, que permite al grupo bien situado fortalecer esa «superioridad estructural» y mantener la identidad subordinada de las víctimas.[8]

Con lo cual no se trata sólo de la dificultad de construir una sociedad pluralista, en la que las gentes puedan compartir unos mínimos de justicia y optar por distintas propuestas de vida buena, de vida en plenitud. Es verdad que no es fácil organizar la convivencia en sociedades moralmente plurales, porque articular la diversidad siempre exige una fina labor de orfebrería.[9] Pero en el caso del odio no se trata sólo de diversidad, sino de la convicción de que existe una jerarquía estructural en la que el agresor ocupa el lugar superior mientras que el agredido ocupa el inferior.

Imposible compartir unos mínimos de justicia, porque no existe una relación de igualdad, no existe el reconocimiento de la dignidad del agredido y del respeto que merece. Los delitos de odio suponen una violación flagrante del principio supremo de la ética moderna, que Kant ofrece en la Formulación del Imperativo Categórico del Fin en sí Mismo: «Obra de tal modo que trates a la humanidad, tanto en tu persona como en la persona de cualquier otro, siempre al mismo tiempo como un fin y nunca solamente como un medio». Frente a este principio, el agresor trata a la víctima como un medio porque no le reconoce igual humanidad, igual dignidad; le trata como un objeto, no como un sujeto que debe ser tenido en cuenta.

Y, por último, otra de las características del discurso del odio, lleve o no aparejada la incitación a la violencia, es su escasa o nula argumentación, porque en realidad no pretende dar argumentos, sino expresar desprecio e incitar a compartirlo. «Sin más juicio, el lobo se lo come» es el final de la fábula.

Como es obvio, los delitos de odio imposibilitan el ejercicio de la igualdad, que es un valor clave en las sociedades democráticas, hasta el punto de que Ronald Dworkin la considera la virtud soberana. Por eso, a mi juicio, el camino para superar los delitos y los discursos del odio es la construcción de la igualdad desde la educación, formal e informal, y desde la conformación de instituciones políticas y económicas que la encarnen. Sin esa conciencia de la igualdad, que tiene que ser a la vez racional y sentiente, la dignidad de las personas se ve inevitablemente violada y es imposible construir una sociedad justa. Pero también es inevitable recurrir al Derecho, Penal, Administrativo o Antidiscriminatorio, para castigar este tipo de delitos. Y no sólo porque el derecho tenga una función punitiva y rehabilitadora, sino también porque tiene una función comunicativa.

4. Estado y sociedad civil, una cooperación necesaria

«El principal riesgo para que una persona sin hogar sea víctima de un incidente o delito de odio es encontrarse con otra persona que crea que ella no merece su respeto y esté dispuesta a comportarse en consecuencia. Quienes cometen delitos de odio por aporofobia son los únicos responsables de sus conductas».[10]

En 2016, el Ministerio del Interior publicó el tercer *Informe sobre incidentes relacionados con los delitos de odio en España*. El registro se ha perfeccionado, entre otras razones, porque las Fuerzas y los Cuerpos de Seguridad del Estado están más preparados para detectar ese tipo de delitos. Sin duda, uno de los obstáculos para descubrirlos es la dificultad de la Policía para apreciar cuándo se dan las motivaciones de odio, aversión y rechazo que permiten incluir las infracciones penales o administrativas bajo ese rótulo. El objetivo del informe es minimizar los riesgos que sufren determinados colectivos vulnerables, concienciar a la sociedad y a los medios de comunicación, adoptar una actitud de tolerancia cero y reforzar la confianza de las víctimas en los agentes del Estado.

En el informe se declara expresamente que es tarea del Estado proteger a los más vulnerables de la sociedad, entre los que se encuentran las víctimas de la discriminación y el odio. Y entre los delitos se recoge expresamente la aporofobia como «odio o rechazo al pobre». Consigna asimismo aquellas expresiones o conductas de intolerancia, referidas al «odio, repugnancia u hostilidad ante el pobre, el sin recursos y el desamparado».[11]

Naturalmente, en los tres informes que el Ministerio ha elaborado sobre esta patología social se aprecia una evolución, porque, según el Anuario Estadístico del Ministerio del Interior, en 2013 se registró un total de 1.172 delitos de odio, de los cuales sólo 4 eran de aporofobia; en 2014 se registraron 1.285 casos de delitos de odio, 11 de los cuales estaban motivados por la aporofobia; y en 2015 se registraron 1.328 casos de delitos de odio, 17 de los cuales eran de aporofobia.

Ante estos datos, el Observatorio Hatento se pregunta con toda razón si realmente sólo se produjo este número de agresiones, o si ocurre más bien que las personas agredidas no denuncian, convencidas de que no se les va a hacer ningún caso, o bien tienen miedo a las represalias, o ni siquiera saben que se trata de un delito denunciable y punible, o se sienten culpables y creen que su propia situación provoca actuaciones de este tipo, o desconfían de la Policía, incluso la temen por encontrarse en situación irregular. Además, como hemos comentado, los cuerpos policiales tienen dificultades para detectar este tipo de delitos, y para los jueces resulta muy compleja la tarea de discernir si un incidente o un delito vienen motivados por el odio, el rechazo o la aversión al sin recursos.

Por otra parte, los datos que proceden de distintos estudios son muy relevantes para conocer los perfiles de los agresores. Según la NCH (*National Coalition for the Homeless*) de Estados Unidos, en los estudios durante los últimos quince años el 85 % de los agresores tenía menos de treinta años y el 93 % fueron varones.

Entre el 1 de diciembre de 2014 y el 30 de abril de 2015, Hatento llevó a cabo una investigación a través de entrevistas a personas sin hogar.[12] Para llevarlas a cabo tuvo en cuenta, entre otros, estos dos factores: que exista desigualdad estructural entre agresores y víctimas, lo cual obliga a que la víctima tenga una identidad subordinada, y que la persona agredida perciba que la agresión o humillación estuvo causada por su situación de exclusión o sinhogarismo. Hatento entrevistó a 261 personas sin hogar y obtuvo resultados muy relevantes, como los siguientes.[13]

Un 47,1 % de los entrevistados sufrió algún incidente o fue víctima de un delito relacionado con la aporofobia en su historia de sinhogarismo. Seis de cada diez incidentes o delitos se produjeron de noche o de madrugada, especialmente cuando la víctima estaba durmiendo. El 87 % de los implicados en estos delitos o incidentes fueron varones, y el 57 % tenía entre 18 y 35 años. En un 28,4 % de los casos, los responsables eran chicos jóvenes que estaban de fiesta. Según los datos, los agresores más frecuentes suelen ser los chavales jóvenes (38,3 % de los casos).

Pasando a la actitud de quienes presenciaron las agresiones, dos de cada tres de las experiencias analizadas fueron presenciadas por otras personas. En un 68,4 % de los casos, los testigos no hicieron nada. El 36 % fueron testigos accidentales, ocho de cada diez no tomaron ninguna iniciativa, y sólo un 2,7 % llamó a la policía.

Sólo 15 personas de las 114 que contaron con detalle algún incidente o delito de odio presentaron una denuncia, y ninguna informó de que hubiera habido una sentencia condenatoria. Un 70 % de los que no denunciaron los hechos opinó que hacerlo no sirve de nada y un 11 % tenía miedo a posibles represalias de los agresores.

Ante datos como éstos es preciso instar a que los delitos de odio se reconozcan como tales y que se castiguen con las penas que correspondan. Y no sólo —como hemos sugerido— por la función punitiva o rehabilitadora que pueda tener el Derecho, sino muy especialmente por la innegable función comunicativa que tiene en una sociedad: la de dejar constancia de que esa sociedad no está dispuesta a tolerar determinadas acciones, porque violan los valores que le dan sentido e identidad. Justamente en este caso, el respeto a la igual dignidad de cada una de las personas concretas, con nombre y apellidos. Esa función comunicativa y pedagógica es importante.

De ahí que, como indican los informes, sea necesario formar a la Policía para que evite en lo posible este tipo de acciones, pero, cuando el daño está hecho, que sea capaz de detectar cuándo la agresión contra determinadas personas no es un delito más, sino un caso de aporofobia, de desprecio al pobre por serlo, y que atienda y ayude a la persona dañada con todo cuidado, que se sienta y sepa respaldada por su sociedad. También la actuación de los jueces en este tipo de delitos tiene que ser lúcida y ecuánime. Y muy especialmente agudizar la sensibilidad social frente a ellos para conseguir que se consideren como lo que son: inaceptables.

Pero, como tantas veces, la tarea de la sociedad civil es imprescindible en su función de denuncia, investigación y propuesta, como hacen las organizaciones y las fundaciones de las que hemos hablado. En esa labor de detectar situaciones de injusticia que el poder político no ha descubierto y en ese quehacer de apoyo a las víctimas, de proximidad y aproximación, el Derecho y el Estado son imprescindibles, pero no bastan: es necesaria la contribución de la sociedad civil. En este momento se trata de reclamar un hogar para todas las personas, que nadie se vea obligado a mendigar, que nadie se vea sometido a mafias. Se trata de erradicar la pobreza, reducir las desigualdades y cultivar el sentimiento de igual dignidad.

5. El pobre es, en cada caso, el que no resulta rentable

La aporofobia es un tipo de rechazo peculiar, distinto de otros tipos de odio o rechazo, entre otras razones porque la pobreza involuntaria no es un rasgo de la identidad de las personas. Aunque es verdad que la identidad se negocia en diálogo con el entorno social, que no es estática, sino dinámica, la etnia o la raza, con todas las dificultades que supone precisarlas, son un ingrediente para configurarla. También el sexo o la tendencia sexual son dimensiones que forman parte de la identidad personal; y la profesión de una religión supone para el creyente una opción por la que apuesta y a la que nadie tiene derecho a obligarle a renunciar, igual que nadie tiene derecho a obligar al agnóstico o al ateo a simular que cree aquello en lo que no cree.

La pobreza involuntaria, sin embargo, no pertenece a la identidad de una persona, ni es una cuestión de opción. Quienes la padecen pueden resignarse a ella y acabar agradeciendo cualquier pequeñísima mejora de su situación y eligiendo dentro de su marco de posibilidades como si no hubiera otro. Es lo que se ha llamado «las pequeñas dádivas» y las «preferencias adaptativas», una situación que es preciso denunciar críticamente porque supone mantener en la miseria resignada a quienes ni siquiera tienen conciencia de ella, cuando la pobreza económica involuntaria es un mal que se padece por causas naturales o sociales, y que a la altura del siglo XXI puede eliminarse. Llegar a esta afirmación ha sido una labor de siglos, a lo largo de los cuales se fue produciendo una evolución desde entender que los pobres son culpables de su situación, responsables de ella, a comprender que existen causas naturales y sociales que una sociedad justa debe erradicar.

De donde se sigue, como intentaremos mostrar más adelante, que intentar eliminar la aporofobia económica exige educar a las personas, pero muy especialmente crear instituciones económicas y políticas empeñadas en acabar con la pobreza desde la construcción de la igualdad. Porque no sólo la pobreza involuntaria es un mal, sino que las relaciones asimétricas constituyen la base de la aporofobia. De esa erradicación de la pobreza contando con la reducción de las desigualdades nos ocupamos en un capítulo posterior, pero antes de entrar en ello es preciso dejar constancia de una apreciación.

En principio, la pobreza es carencia de los medios necesarios para sobrevivir, pero no sólo es eso. En este libro adoptaremos la caracterización de Amartya Sen, según la cual, la pobreza es falta de libertad, imposibilidad de llevar a cabo los planes de vida que una persona tenga razones para valorar. Como es sabido y comentaremos más adelante, Sen y Nussbaum entienden que hay unas capacidades básicas que todos los seres humanos deberían poder ejercer para llevar adelante sus planes de vida. Pero aquí queremos asumir esa noción de pobreza e ir todavía más lejos. Porque la aporofobia, tomada como delito, es lo que hemos comentado, pero, tomada como actitud vital, es *desprecio y rechazo en cada caso de los peor situados*, que pueden serlo económicamente, pero también socialmente.

La tendencia a tomar posición en la vida cotidiana a favor de los mejor situados, aquellos de los que puede obtenerse algún beneficio, y a dejar desamparados a los *áporoi*, a los que no parecen poder ofrecer muchas ventajas, ni siquiera tener capacidad para vengarse por los daños sufridos, parece inscrita en la naturaleza humana y es la fuente de sufrimiento injusto. Tomar conciencia de ello y preguntar si es ése el tipo de personas que queremos es una cuestión de humanidad o inhumanidad.

Por eso es preciso descubrir las raíces profundas de la aporofobia, tratar de investigar sus causas, averiguar si forman parte sin remedio de la naturaleza humana, de forma que los pobres siempre serán despreciados y en realidad es imposible cambiar la actitud de rechazo hacia ellos. O descubrir si existen bases en la naturaleza humana para la aporofobia, pero hay también caminos por los que cada persona y cada sociedad pueden modificarlas por entender y sentir que esa actitud es contraria a la humanidad más elemental. Éste es el reto al que se enfrenta la educación moral, que ha de venir acompañada de instituciones políticas y económicas encaminadas en la misma dirección, porque no sólo educan las escuelas, las universidades y las familias, sino también las instituciones económicas y políticas y los medios de comunicación.

Pero antes de intentarlo nos ocuparemos de la patología hermana, el discurso del odio, tan ligado al incidente y al delito de odio que, en ocasiones, incita a llevarlo a cabo, y en otras, él mismo es un delito.

Capítulo 3

EL DISCURSO DEL ODIO

1. Un debate ineludible

La necesidad de debatir sobre lo que se ha dado en llamar, con mayor o menor fortuna, «discurso del odio» (*hate speech*) se ha puesto sobre el tapete en los últimos tiempos a raíz de una gran cantidad de acontecimientos, como el asesinato de doce personas del semanario *Charlie Hebdo* en enero de 2015, relacionado con las caricaturas de Mahoma publicadas en él poco antes; los dibujos satíricos que el mismo semanario dedicó el 2 de septiembre de 2016 a los damnificados por el terremoto de Amatrice, que causó 296 muertos, comparándolos con platos de la cocina italiana; los discursos de los partidos políticos populistas en Europa con mensajes xenófobos, y sobre todo aporófobos, a raíz de la crisis de los refugiados políticos; la insultante campaña de Donald Trump, igualmente aporófoba y xenófoba, contra la inmigración mexicana, los vídeos del Estado Islámico con amenazas de muerte y de conquista, y tantos otros discursos violentos en el ciberespacio.[1]

A pesar de referirse a colectivos muy diferentes y utilizando formas de expresión muy diversas (ironía, sátira, desprecio, incitación a la violencia o amenaza creíble), los discursos del odio son en realidad tan antiguos como la humanidad y tan extendidos como la totalidad de las culturas. Pero en las sociedades con democracia pluralista la novedad es ahora triple, porque, por una parte, estos discursos han llegado a tener un tratamiento jurídico, pueden considerarse en ocasiones como «delitos de odio»; en segundo lugar resulta casi imposible controlarlos legalmente en el ciberespacio; y, por otra parte, una sociedad madura se pregunta cada vez más si ese tipo de discursos no es un obstáculo para construir una convivencia democrática.

Ciertamente, el epicentro del debate en los países democráticos suele situarse en el conflicto que puede producirse entre el ejercicio de la libertad de expresión de quien pronuncia el discurso presuntamente dañino y el hecho de que ese discurso atente contra algún otro bien que esa sociedad debe proteger. La libertad de expresión es sin duda un derecho básico en las sociedades abiertas, que es preciso defender y potenciar, pero no es un derecho absoluto, sino que tiene sus límites cuando con ella se viola algún otro derecho o bien básico.

Por ejemplo, el Artículo 20.4 de la Constitución Española, referido a la libertad de expresión y de información, afirma expresamente que «Estas libertades tienen su límite en el respeto a los derechos reconocidos en este Título, en los preceptos de las leyes que lo desarrollan, y, especialmente, en el derecho al honor, a la intimidad, a la propia imagen y a la protección de la juventud y de la infancia».[2] Precisamente porque los términos en estos casos suelen ser sumamente ambiguos, es necesario establecer límites y el debate se centra en aclarar cuáles deben ser esos límites y en proporcionar criterios para establecerlos.

Y es preciso hacerlo para no dejar sin protección precisamente a los más débiles, a los que tienen menos posibilidades de defenderse, a los *áporoi* de cada circunstancia. Por eso en este capítulo intentaremos abordar el problema y sugerir una propuesta que, teniendo en cuenta las dificultades, ayude a superar la disyuntiva «o libertad de expresión irrestricta o recorte de la libertad de expresión». En realidad, la vida humana no se encuentra habitualmente con dilemas, sino con problemas a los que es necesario hacer frente. Y, a mi juicio, el necesario entreveramiento entre derecho y ética puede permitir superar los inevitables conflictos que se producen cuando la cuestión se plantea únicamente desde el punto de vista jurídico.

2.   ¿Libertad de expresión o derecho a la autoestima?

El delito y el discurso del odio, como vimos en el capítulo anterior, tienen en común que se dirigen hacia un individuo por pertenecer a un determinado colectivo, estigmatizan a ese colectivo convirtiéndole en punto de mira del odio, le denigran con relatos o espurias teorías científicas que presuntamente demuestran su carácter despreciable, sacan a la luz que en realidad existe una desigualdad estructural entre el grupo de quienes pronuncian el discurso y el colectivo estigmatizado (nosotros/ellos) y, por último, cuando se trata de un discurso y no de un mero insulto, no aporta argumentos, sino coartadas para justificar el desprecio o la incitación a la violencia.

En lo que respecta a los delitos, como dijimos, son actos criminales motivados por la intolerancia y el sentido de superioridad del agresor, que deben reunir al menos dos requisitos: el comportamiento debe estar tipificado como delito en el Código Penal, y puede consistir en un maltrato vejatorio o en una agresión física, entre otros; y la motivación del acto debe basarse en un prejuicio hacia un determinado grupo social.[3] El delito implica entonces una infracción penal o administrativa.

Los discursos, por su parte, como hemos comentado, pueden llegar a considerarse delitos, de ahí que en el ámbito jurídico el problema se plantee, en principio, sobre todo en aspectos como los siguientes: 1) ¿qué tipo de discursos pueden tipificarse como «discurso del odio» y deben ser castigados desde el Derecho Penal, el Derecho Administrativo o el Derecho Antidiscriminatorio?;[4] 2) ¿cómo compaginar la libertad de expresión, derecho básico en nuestras sociedades liberales, con el derecho de toda persona a su autoestima, a la pacífica integración en la sociedad y al reconocimiento que como persona se le debe?;[5] 3) ¿ha de proteger la libertad de expresión la difusión de cualquier idea, incluso las que resultan repulsivas desde el punto de vista de la dignidad humana, constitucionalmente garantizada, o deleznables desde el punto de vista de los valores que establece la Constitución? Porque es necesario distinguir entre el discurso del odio (no protegido generalmente por el principio de libertad de expresión) y el discurso ofensivo e impopular (protegido por la libertad de expresión).[6]

Intentar responder a estas cuestiones es necesario. En principio, porque sin duda la libertad de expresión es irrenunciable en una sociedad abierta, en la que se puedan expresar y escuchar las diferentes voces. Prohibir determinadas expresiones puede ser una coartada, habitual en los totalitarismos, coartada de la que hemos tenido sobrada experiencia a lo largo de la historia y siguen teniendo quienes viven en países como Venezuela, China o Corea del Norte.[7] Pero, en segundo lugar, también es verdad que la libertad de expresión tiene límites cuando lesiona bienes jurídicamente protegibles, y los discursos del odio pueden dañar esos bienes. En ese caso se convierten en delitos, que es necesario reconocer y penalizar, no sólo porque el derecho tiene una función punitiva y rehabilitadora, sino sobre todo porque ejerce también *una función comunicativa*. Indica qué es lo que una sociedad no acepta porque no concuerda con sus valores.

Sucede, sin embargo, que, como apuntan especialistas en el tema, son muy pocas las ocasiones en que se penalizan conductas que pueden considerarse ofensivas contra ciertos valores y derechos constitucionales en razón de los discursos que pudieran ser tachados de apologéticos, ofensivos o incitadores al odio o a la discriminación.[8] Las dificultades se plantean tanto desde un punto de vista objetivo como subjetivo.

Desde un punto de vista objetivo porque para considerar delictivo un discurso debe referirse a valores o derechos constitucionales o contener una incitación a realizar acciones violentas, y no sólo expresar una opinión. Y la experiencia demuestra que determinar cuándo un discurso concreto incita a la violencia es asunto que suele ser objeto de las más variadas interpretaciones. Tal vez porque en ellas pesan decisivamente lo que Rawls llamaba las «cargas del juicio», la más importante de las cuales es que en los casos complejos evaluamos los datos teniendo en cuenta nuestra experiencia, la que hemos adquirido a lo largo de nuestra historia, y como las historias son diferentes, las interpretaciones vienen lastradas por valoraciones diferentes. Pero también pueden tener peso en la interpretación las presiones políticas, y muy especialmente la fuerza social de lo políticamente correcto.[9]

En este último caso, los grupos sociales poderosos consiguen que se consideren delictivos los discursos que les atacan, o al menos que se tengan por socialmente intolerables. Por el contrario, si los grupos carecen de fuerza social, los discursos que les atacan acaban considerándose como simple ejercicio de la libertad de expresión. Una cuestión nuevamente de aporofobia. Quien carece del poder necesario para presionar con algún tipo de retorno, sea recompensa o venganza, ni siquiera ve protegida su autoestima. Y no deja de ser extraño que en los trabajos más completos que existen sobre el tema en ningún caso se trate el discurso del odio contra los realmente pobres.[10]

Precisamente por la dificultad de determinar cuándo un discurso es delictivo, algunos autores recuerdan que el Derecho Penal ha de reservarse como última *ratio* y que conviene explorar otras vías represoras de menor intensidad, pero que pueden tener mayor eficacia, como la indemnización civil por daños o las sanciones administrativas.[11] Un camino que sin duda conviene explorar, aunque tampoco está exento de obstáculos.

En cuanto al punto de vista subjetivo también resulta sumamente difícil detectar que el móvil de la conducta delictiva sea el odio. Y esta visión subjetiva de la cuestión es otra de las razones de la impunidad en que suele quedar este tipo de delitos.

Por eso, algunos autores entienden que, perdidos en este mundo de subjetivismos y de falta de criterios objetivos, corremos el riesgo de obviar la existencia de discursos del odio que dañan a las personas y a los colectivos, precisamente por las dificultades de discernir cuándo la conducta es delictiva. De ahí que aconsejen no tratar el asunto de los discursos del odio sólo desde el punto de vista del Derecho Penal, sino abrir cada vez más el espacio al Derecho Administrativo y al Derecho Antidiscriminatorio.[12]

A mi juicio, en este intrincado mundo es necesario abrir también otra vía, que no anula las anteriores, sino que las complementa. Pero no en el sentido de que añade algo más, sino en el sentido de que transforma el planteamiento desde la raíz ética en una sociedad abierta y democrática.

3. La construcción de una democracia radical

En su artículo «Los discursos del odio y la democracia *adjetivada*: tolerante, intransigente, ¿militante?», Miguel Revenga distingue entre estos tres modelos de democracia, tomando como criterio el límite hasta el que una sociedad estaría dispuesta a llegar para defender la libertad de expresión.[13] Ciertamente, el discurso del odio puede ser él mismo dañino, pero, según algunos autores, el grado de libertad de expresión parece ser el que muestra el grado de democracia de un país.[14]

Siguiendo a Revenga, el modelo de democracia tolerante estaría inspirado en la estadounidense, porque la jurisprudencia norteamericana sobre la Primera Enmienda ha sido la fuente para reconocer el derecho a decir cualquier cosa.[15] El Estado Constitucional ha de sostener la libertad, aún en casos excepcionales, y la tolerancia se considera como la virtud clave en esta práctica.[16] Un caso paradigmático de esta forma de entender la tolerancia es el caso Skokie. En 1978, un partido neonazi, encabezado por Frank Collin, pidió permiso para llevar a cabo una manifestación en una ciudad mayoritariamente judía, Skokie, en Illinois, para promover sus ideas, entre ellas, la negación del Holocausto. Las autoridades locales le pusieron trabas, pero la corte federal le dio la razón por considerar que no se podía frenar la libertad de expresión.

La democracia intransigente seguiría el modelo europeo, más propenso a limitar la libertad de expresión frente al discurso del odio. En el trasfondo de esta actitud podría encontrarse, por una parte, la experiencia del Holocausto, que tuvo su origen en la tolerancia ante discursos populistas y presuntamente científicos, preñados directa o indirectamente de incitaciones a la violencia, que desembocaron en la realidad del asesinato sistemático organizado por el Estado, y también una historia europea de luchas de religión. Y, por otra parte, la cultura del honor, bien arraigada en el contexto europeo, que se mantiene de algún modo en la ley del insulto, que actúa como límite de la libertad de expresión. En concreto, el Tribunal Constitucional insiste en que la Constitución no ampara el derecho al insulto.

Un tercer modelo sería el de una democracia militante, un rótulo tomado de dos artículos de Karl Loewenstein de 1937 sobre «Militant Democracy and Fundamental Rigths».[17] En ellos, Loewenstein se refería en realidad a la necesidad de un tipo de democracia que permitiera evitar el fracaso de una democracia débil como la de la República de Weimar en 1919. La Constitución de una democracia militante debe contener cláusulas que impidan su reforma e imposibiliten la legalización de partidos contrarios al orden constitucional. A juicio de Loewenstein, la experiencia del nacionalsocialismo así lo aconsejaría. Pero también este tipo de democracia exigiría la adhesión positiva de la ciudadanía a los postulados constitucionales, lo cual, a mi juicio, excede las funciones del derecho.

Curiosamente, también un cierto modelo de democracia militante como alternativa a la democracia débil de la República de Weimar sería la democracia fuerte, que propuso Benjamin Barber en 1984. Según el politólogo estadounidense, la debilidad de la democracia liberal de la República de Weimar había debilitado el compromiso ciudadano con la política. La ciudadanía, políticamente anémica, se había sentido fascinada con una oferta fuerte y arrolladora como la de Hitler. Nuevamente, la historia del flautista de Hamelín seduciendo a las gentes incautas. Como antídoto, Barber instaba a promover la implicación de los ciudadanos a través de la participación en la cosa pública, a través de una democracia participativa en la línea de Rousseau y de Walt Whitman.

Sin embargo, la democracia fuerte no sería una democracia unitaria, que cohesiona a la ciudadanía a través de una unidad básica procedente de la sangre (raza) o de una ideología. La participación por sí misma no es positiva: es esencial conocer sus principios y sus metas. Principios y metas habían envenenado la participación ciudadana en el nacionalsocialismo, por eso la democracia fuerte propuesta por Barber tenía por principio el pluralismo y, por procedimiento, el diálogo y la deliberación que permiten transitar desde el agregacionismo de la democracia liberal, que se rige por la suma de voluntades individuales, a una voluntad común. La deliberación permite el tránsito del «yo prefiero esto» a «nosotros queremos un mundo que sea así».[18]

Evidentemente, cada uno de estos tres modelos tiene luces y sombras, y con el tiempo se han aproximado entre sí. La democracia tolerante permite defender en principio la libertad de expresión, con la confianza de que las mejores ideas vencerán en la lucha por la vida, mientras que las peores desaparecerán sin necesidad de prohibiciones.[19] Una confianza que puede tener éxito o no a largo plazo, pero a corto plazo puede dañar a otros, restringiendo el ejercicio de su libertad. Cuando en realidad el límite que el mundo liberal moderno fija a la libertad personal es justamente el daño al ejercicio de la libertad de otros. Un discurso que, por sí mismo, daña a otros, al margen de que pueda incitar a llevar a cabo actuaciones violentas, viola la «libertad de los modernos», entendida como no interferencia en el ejercicio de su libertad.[20] Cabe decir entonces que la virtud de la tolerancia es siempre superior a la intolerancia, pero puede favorecer las actuaciones verbales de los intolerantes. Por eso, a mi juicio, la tolerancia es superior a la intolerancia, pero la virtud que realmente supera a la intolerancia es el respeto activo. Quien respeta a otros difícilmente pronunciará discursos intolerantes que puedan dañarles.

Por su parte, la democracia intransigente puede recortar en exceso la libertad de expresión y debería sustituir la cultura del honor por la de la autoestima, ese bien básico que valoran tanto la cultura anglosajona como la europea, hasta el punto de que Rawls la considera como uno de los bienes primarios. Los bienes primarios son aquellos que cualquier persona desearía tener, sean cuales fueren los planes de vida que quiera proponerse. Todos querrían disfrutar de unos derechos, tener unos bienes económicos y contar con un bien como la autoestima, que les permite confiar en sus propias fuerzas para desarrollar proyectos atractivos a lo largo de su vida. Aunque el derecho al honor está recogido en los códigos europeos, es un bien difícil de entender en el siglo XXI, mientras que la autoestima goza de un amplio reconocimiento.

El respeto activo como virtud para no dañar un bien como la autoestima sería la clave de una ética capaz de neutralizar los discursos del odio.

En cuanto a la democracia militante, parece en principio la más atractiva, porque implica a la ciudadanía en el proyecto de construir una sociedad democrática, pero tiene dos graves limitaciones al menos: a) la intocabilidad de la Constitución, que no es de recibo, porque todo texto es reformable, con tal de que se sigan los procedimientos constitucionales, y b) la exigencia de que exista un compromiso activo de la ciudadanía con los principios constitucionales. ¿Puede pedirse a los ciudadanos desde el Derecho que se comprometan activamente en la defensa de los principios democráticos, o sólo que no vulneren esos principios?[21]

Al llegar a este punto conviene recordar la distinción que Kant introducía entre la libertad jurídica y la libertad moral. La libertad jurídica sería la libertad externa, es decir, la que regula las relaciones externas de las personas, de modo que tiene su límite en el daño que se pueda causar a otros. En su caso, el Estado está legitimado para usar la coacción de modo que cada uno respete la libertad ajena, sea cual fuere la valoración que al sujeto coaccionado le merezca la ley. La libertad moral, por su parte, es la libertad interna, la autonomía personal, la capacidad de cada sujeto de darse leyes a sí mismo y de obligarse a sí mismo.[22] Es, por tanto, el ámbito de la autocoacción y del cultivo personal de la virtud, al que nadie me puede obligar, sino que es una opción personal. Por eso, Kant añadirá que en el ámbito de la libertad cuando el propósito no consiste en enseñar la virtud, sino sólo en exponer qué es conforme a derecho, no se debe presentar la ley del derecho como móvil de la acción.[23]

No se puede exigir entonces a los ciudadanos de una sociedad abierta que tomen los principios del derecho como móvil de su acción, sino sólo que no violen esos principios, de ahí que una democracia militante como la que hemos comentado no sea de recibo. Pero también es verdad que donde no llega el derecho, puede y debe llegar una ética cívica, que resulta indispensable para que la democracia funcione. El derecho no basta, la ética cívica es necesaria.

El cultivo de esa ética es una responsabilidad de la sociedad en su conjunto, que debe transmitirse a través de la educación formal e informal, a través de las escuelas, las familias, los medios de comunicación, la ejemplaridad de las figuras relevantes y la configuración de las organizaciones y las instituciones, conformando una peculiar «eticidad».

Creía Hegel acertadamente que no basta con prescribir lo que debe ser, sino que la moral tiene que incorporarse en las instituciones, en los hábitos y en las costumbres de una sociedad, y llamaba «eticidad» a esa ética incorporada a la vida personal e institucional de una sociedad.[24]

En ese sentido podríamos distinguir a lo largo de la historia de la ética tres grandes etapas, cada una de las cuales integra dos tipos de teoría ética, una idealista, que diseña una propuesta innovadora, y otra realista, empeñada en la tarea de encarnarla en las instituciones sociales. La primera etapa sería la de Platón y Aristóteles; la segunda, la de Kant y Hegel; la tercera, la de la ética del diálogo que iniciaron Apel y Habermas en el siglo xx y desde entonces se viene integrando en las instituciones de las sociedades democráticas, a través de la revolución de las éticas aplicadas. Es decir, a través de la ética del desarrollo humano, la economía y la empresa, la bioética y la ética de los medios de comunicación, la política y la educación, las profesiones o la ciberética.[25] Todas estas formas de ética impregnan ya las distintas esferas de la vida social, plantean en ellas exigencias morales y requieren para satisfacer esas exigencias la encarnación de valores y el cultivo de las virtudes, entendidas como excelencias del carácter. Su progreso consiste en fortalecer en todos esos ámbitos el vínculo intersubjetivo que liga a los miembros de esa sociedad desde una eticidad dialógica y democrática.[26]

Por eso ante el problema planteado por el posible conflicto entre los discursos del odio y la libertad de expresión, no bastan las soluciones jurídicas, sino que es también indispensable el cultivo de una eticidad democrática. En caso contrario, las leyes funcionan exclusivamente sobre la base de la coacción legal y de la coacción social, cuyas limitaciones han quedado sobradamente demostradas.

El cultivo de la ética democrática exige considerar sagrada la libertad, pero una *libertad igual,* que se conquista desde el diálogo y desde el reconocimiento mutuo de la dignidad. No desde individuos atomizados, que se agregan en ocasiones para tomar decisiones comunes, sino desde la conciencia de ser personas en relación. Por eso, su virtud suprema es el respeto activo de la dignidad, que asume la tolerancia, pero va más allá de ella, comprometiéndose a intentar no dañar, no romper el vínculo con las personas, que tienen dignidad, y no un simple precio.

4. Miseria del discurso del odio

El rótulo «discurso del odio» no es acertado en ninguno de los dos sustantivos que lo componen, y analizar ese desacierto es una buena guía para sacar a la luz su miseria.

Por lo que se refiere al término «odio», no siempre los discursos y los delitos a los que nos estamos refiriendo vienen motivados por una emoción o un sentimiento tan profundo. En la vida corriente entendemos por «odio» una emoción muy intensa, en el sentido que le da María Moliner como «sentimiento violento de repulsión hacia alguien, acompañado del deseo de causarle o de que le ocurra daño». Es en este sentido en el que Glucksmann asegura que el odio existe y que es destructivo. Y, a mi juicio, tiene razón. Pero cuando hablamos de discurso del odio nos referimos también a otras formas de aversión y rechazo menos radicales, pero no por ello menos dañinas para el que las sufre. Tal vez estén más cercanas a la «antipatía y aversión hacia algo o hacia alguien cuyo mal se desea», que es la caracterización que presenta el Diccionario de la Lengua Española. O incluso puede ser más adecuada la palabra «fobia», que significa «aversión exagerada a alguien o a algo», y empleada como sufijo, «aversión o rechazo».

Ése sería el caso de la aporofobia, de la aversión o rechazo al pobre, porque parece que la pobreza es desagradable, que el pobre plantea problemas y de algún modo contamina. Pero no sólo la pobreza económica, sino la de quien se encuentra desvalido y sin apoyos en una mala situación, la de quien es objeto de críticas, amenazas, desaires o burlas porque carece de poder. Sea en la política, en la empresa, en la universidad, en la escuela, en la fábrica o en cualquier lugar, porque en todos ellos funciona el Principio Mateo: «al que más tiene, más se le dará, y al que tiene poco, hasta lo poco que tiene se le quitará». En cada caso, el pobre es el sin poder en ese tiempo y en ese lugar. Y es contra el que se dirigen los discursos de aversión y rechazo, incluso de odio, que se permiten lanzar los bien situados, seguidos siempre de sus lacayos.

Ciertamente, los jueces necesitan contar con criterios para determinar si es el odio el que late en las entrañas de un discurso para determinar si constituye o no delito de odio, pero desde un punto de vista ético, quien rechaza y denigra desde el poder, sea cual fuere el tipo de poder, rompe toda posibilidad de convivencia justa y amistosa. Rompe el vínculo con el humillado y ofendido y se degrada a sí mismo.

Por otra parte, también la palabra «discurso» presenta problemas, porque en realidad puede tratarse de un simple insulto o de un exabrupto, no ser propiamente un discurso. Pero, por el momento la daremos por aceptable para entrar en la crítica a los discursos del odio mismos, que se va a sustanciar en tres deficiencias de envergadura.

En primer lugar, este tipo de discursos es monológico y no dialógico. El lobo lanza una diatriba contra el cordero y no le interesa escuchar su respuesta. Este tipo de discursos es monológico porque quien los pronuncia no considera a su oyente como un interlocutor válido, como un sujeto con derecho a replicar y entrar en diálogo, sino como un objeto que no merece respeto alguno.

Este modo de actuar no es lícito ni siquiera desde el más elemental punto de vista lingüístico, porque quien se dirige a otra persona a través del lenguaje, incluso a través del lenguaje de los gestos, está dando por supuesto que existe con ella un vínculo, que el oyente es un interlocutor capaz de comprenderle y que tiene derecho a replicar para expresar su acuerdo o su discrepancia. Que es un sujeto autónomo y no un objeto heterónomo.

Como muestra la Teoría de la Acción Comunicativa, un discurso es un tipo de acción comunicativa en la que los interlocutores tienen que intentar entenderse porque, en caso contrario, no existe la comunicación; hablar carece de sentido si no se busca un mínimo de entendimiento.[27] Por eso podemos decir en términos filosóficos que en cualquier acción comunicativa, como la que aparentemente se produce entre el lobo y el cordero, hay un presupuesto pragmático inevitable, que es el que da sentido al hecho de entrar en ella: que existe una relación de reconocimiento mutuo entre los interlocutores, que existe entre ellos un vínculo lógico-pragmático. Negar al oyente capacidad de interlocución, tratarlo como un objeto, y no como un sujeto, supone quebrar el vínculo de intersubjetividad que hace posible el lenguaje humano y admitir que el discurso carece de sentido. Supone cometer una contradicción performativa: la contradicción que existe entre el hecho de tratar al interlocutor como un objeto a través de un discurso que sólo puede dirigirse a quienes son sujetos de habla. El hablante quiebra en el nivel semántico el vínculo que, lo quiera o no, existe en el nivel pragmático.[28]

En tal caso se trata de un monólogo con forma aparente de diálogo, y justamente ese carácter monológico es el que está presente en los discursos del odio. Quien los pronuncia no está reconociendo al grupo que es blanco de sus palabras como sujetos con los que entabla o podría entablar un diálogo, sino como *objetos* que sólo merecen desprecio, estigmatización o manipulación; como objetos de desprecio y rechazo.

En segundo lugar, el propio discurso del odio puede dañar a las personas a las que denigra por sí mismo, no es necesario que incite a matarlas, a herirlas o a llevar a cabo contra ellas otras acciones dañinas, distintas del discurso mismo. Como han señalado acertadamente diversos autores, realizar una acción comunicativa es actuar, cosa que se olvida con demasiada frecuencia.[29] *Hablar es actuar*, es realizar una acción que tiene capacidad de dañar por sí misma. Independientemente de que con el habla se incite a realizar una acción violenta, el discurso es una acción diferente de la agresión posterior y puede ser por sí mismo dañino. Determinar si es o no un delito es cuestión que compete a los jueces, que deben dilucidar si con el discurso se daña o no a un bien jurídico, pero *desde un punto de vista ético* estigmatizar a otras personas condenándolas a la exclusión, a la pérdida de reputación, privándoles del derecho a la participación social es lesivo por sí mismo y destruye cualquier posibilidad de convivencia justa.

Y, en tercer lugar, el solo hecho de establecer una *relación de asimetría*, de *desigualdad radical* entre «nosotros» y «ellos» atenta contra los principios más básicos de un *êthos* democrático. Como hemos comentado, sin un carácter democrático difícilmente será posible una sociedad democrática, y en ese carácter diversos valores son esenciales, entre ellos la libertad, pero no menos la igualdad, que es la gran herencia de la tradición democrática. La construcción de una libertad igual es el gran proyecto de las democracias radicales, de las que van a la raíz, que es la persona.

El discurso asimétrico expresa ausencia de *reconocimiento*, siendo así que el reconocimiento mutuo es la clave de una vida social justa, como muestra esa tradición filosófica que nace al menos con Hegel y en la que se inscriben hoy en día la ética del discurso, creada por Karl-Otto Apel y Jürgen Habermas, pero reformulada y completada por autores como Charles Taylor, Paul Ricœur, Axel Honneth, Jesús Conill, Domingo García-Marzá, Juan Carlos Siurana y por mis propios trabajos.[30] Como bien dice Taylor, la victoria del verdugo consiste en lograr que su víctima se desprecie a sí misma a fuerza de experimentar el desprecio ajeno.

Y en este punto no puedo dejar de citar el espléndido texto de Karl-Otto Apel, tomado de *La transformación de la filosofía*:

> Todos los seres capaces de comunicación lingüística deben ser reconocidos como personas, puesto que en todas sus acciones y expresiones son interlocutores virtuales, y la justificación ilimitada del pensamiento no puede renunciar a ningún interlocutor y a ninguna de sus aportaciones virtuales a la discusión.[31]

El reconocimiento recíproco de las personas como interlocutores válidos es, pues, la clave de cualquier discurso que se pretenda racional. Los discursos del odio quiebran objetivamente esa intersubjetividad humana que, como bien decía Hanna Arendt, nunca debería ser dañada.

5. La libertad se construye desde el respeto activo

Abordar el problema de los discursos del odio sólo desde el punto de vista jurídico nos enfrenta a la difícil tarea de determinar cuándo el carácter delictivo de un discurso hace necesario recortar la libertad de expresión. Entre uno y otra parece existir un juego de suma cero y entonces el problema se hace casi insoluble.

Sin duda, una sociedad totalitaria es la que reprime y anula la libertad de expresión, cerrando diarios, editoriales, medios de comunicación y encarcelando a los disidentes. Las sociedades abiertas, por el contrario, aprecian la libertad de expresión como un bien irrenunciable, que conviene potenciar. Pero, si quieren ser realmente democráticas, deben hacerlo desde el reconocimiento mutuo de la dignidad de las personas que tienen derecho al respeto y la autoestima. Ninguno de los dos lados —respeto activo y libertad de expresión— puede quedar debilitado o relegado, y esta tarea de compaginarlos es la que lleva a cabo una ética cívica, basada en el reconocimiento mutuo que configura el humus, el carácter de una sociedad democrática, sobre el que se teje el Derecho.[32]

La ética cívica de una sociedad pluralista y democrática es una ética de la corresponsabilidad entre instituciones y ciudadanos por las personas concretas, por los pronombres personales que constituyen los nudos de cualquier diálogo sobre lo justo. Los discursos del odio debilitan la convivencia, quiebran la intersubjetividad y cortan los vínculos interpersonales. Cuando en realidad la calidad de una sociedad democrática se mide por el nivel alcanzado en el reconocimiento y el respeto mutuo de la dignidad, no calculando hasta dónde se puede llegar dañando a otro sin incurrir en delito punible. El grado en que las personas pueden expresarse libremente no es el único termómetro para medir la calidad de una sociedad democrática. Para determinarlo es indispensable tomar la temperatura al nivel de respeto mutuo alcanzado y, si es bajo, en ella prospera un liberalismo individualista asilvestrado, no el aprecio por la igual libertad, propio de una sociedad democrática.

Y resulta imposible mantener el respeto por las personas, defender las bases sociales de la autoestima, sin empoderar moralmente a los ciudadanos para que consideren a sus conciudadanos como personas, como interlocutores válidos, dignos de respeto, y no como seres que sólo merecen odio, desprecio y rechazo por el color de su piel, su raza, su pertenencia étnica, su convicción religiosa, su ideología, su situación de discapacidad o de pobreza económica.

En todos estos casos será la pobreza social la que les convertirá en diana del desprecio, porque no se aplaudirá en cada sociedad el discurso contra cualquier color de piel, cualquier raza, cualquier etnia, cualquier religión o cualquier ideología, sino los discursos contra el color de la piel, la raza, la etnia, la religión o la ideología que se encuentren en situación de debilidad.

Siempre en la raíz de todo la aporofobia. En este caso, la que se expresa en el discurso contra los peor situados.

Capítulo 4

NUESTRO CEREBRO ES APORÓFOBO

Consideremos la xenofobia, el miedo a los extranjeros. Es algo completamente natural. La gente prefiere a los que tienen su mismo aspecto y hablan como ellos; aunque sea algo despreciable, es corriente sentir aversión por los foráneos. Nuestras políticas sociales trabajan para que las ideas más ilustradas de la humanidad arraiguen y superen los impulsos más bajos de la naturaleza humana. Somos una sociedad flexible y podemos mejorar si nos comprendemos mejor.[1]

1. TENEMOS UN SUEÑO

Si preguntáramos a las sociedades con democracia liberal cuáles son sus ideales compartidos, al menos en lo que se refiere a las declaraciones, podrían decir, a mi juicio, con Luther King «tenemos un sueño», y ese sueño se desgranaría aproximadamente como sigue.

En el ámbito político desearíamos una democracia capaz de encarnar los valores de libertad e igualdad que dan sentido y legitimidad a esta forma de organización política. Se trataría tal vez de una democracia deliberativa, bien configurada a escala nacional, y también de una democracia mundial, capaz de distribuir los bienes comunes con justicia, y de establecer leyes claras y firmes para una economía global. Sería una democracia inclusiva.

En cuanto a la economía, contaríamos con una economía ética, dispuesta a cumplir con la tarea que le corresponde y que consiste en ayudar a crear buenas sociedades, como afirma el Premio Nobel de Economía de 1998 Amartya Sen.[2] La meta de la economía consistiría en crear riqueza con equidad, erradicar la pobreza y reducir las desigualdades injustas.

Fomentar la ciudadanía económica sería también uno de los proyectos de ese sueño común, es decir, conseguir que los ciudadanos sean también protagonistas en las decisiones sobre qué se produce, para quién y cómo.[3]

En lo que respecta a la sociedad civil, sería una sociedad civil vibrante, en ebullición, dispuesta a vivir su vida privada, pero a participar a la vez en los asuntos públicos y a comprometerse con el bien común.

Nuestro sueño sería también el de una sociedad moralmente pluralista, en la que convivirían distintas éticas de máximos, distintas ofertas de vida en plenitud, compartiendo la exigencia de unos mínimos de justicia a los que no cabría renunciar. Las éticas de máximos, religiosas y seculares, cumplirían con su tarea de fomentar proyectos de vida feliz.[4] Las personas podrían compartir los mínimos de justicia de sus sociedades sin tener que renunciar a sus propios bagajes culturales, como demanda el proyecto de una sociedad intercultural, en el ámbito nacional y global.[5]

El modelo de ciudadanía encarnado en la vida cotidiana sería el de ciudadanía social, teniendo en cuenta que es ciudadano social aquél que ve protegidos sus derechos de primera y segunda generación en su comunidad política.[6] Los Estados nacionales cobrarían entonces la forma de un Estado social de Justicia, capaz de proteger esos derechos.[7]

La Unión Europea, como auténtica unión supranacional, recobraría la tradición de la Europa Social que le es propia y se convertiría en la Europa de los Ciudadanos y los Políticos, y no sólo en la de los Mercaderes. La hospitalidad hacia refugiados e inmigrantes, como comentaremos más adelante, sería de nuevo para ella esa seña de identidad que nunca debió perder.

Y en cuanto al irreversible fenómeno de la globalización, se enmarcaría en el cuadro de una Gobernanza Global, capaz de proteger a una ciudadanía social cosmopolita.[8]

El horizonte de este sueño sería el de una sociedad cosmopolita, en la que todas las personas, sin exclusión, se sabrían y sentirían ciudadanas.

Evidentemente, aporofobia, xenofobia, racismo y homofobia estarían excluidos de esta sociedad, porque eliminarlos es lo que exige el mutuo respeto a la dignidad de las personas. Y el cuidado de la naturaleza completaría el diseño de un mundo que resulta utópico, sin duda, pero es el que, al menos en las declaraciones, aceptarían las sociedades con democracia liberal. Lo extraño es comprobar que, sin embargo, las realizaciones se encuentran a años luz de las declaraciones.

2. Un abismo entre declaraciones y realizaciones

Vivimos sin duda en un mundo contradictorio en política, en economía, en ciencia y en organización social. En todos esos ámbitos, las declaraciones de las instituciones más relevantes se sitúan en el nivel que Lawrence Kohlberg llamaría «posconvencional» en el desarrollo de la conciencia moral. Recordemos cómo este psicólogo del desarrollo moral, que trabajaba en Harvard en estrecha relación con John Rawls, se propuso analizar el nivel del desarrollo de la conciencia moral de los individuos y para ello tomó como referencia la forma en que se desarrolla su conciencia de la justicia. Las críticas a esta identificación entre moral y justicia, como si la benevolencia y la compasión no fueran también voces esenciales en el mundo moral, no tardaron en llegar, y Kohlberg fue haciéndose cargo de ellas, pero para lo que aquí nos ocupa, que es el de declaraciones como la de los Derechos Humanos y los pactos correspondientes, el sentido de la justicia es clave.

En sus trabajos Kohlberg detectó tres niveles en el desarrollo ontogenético de la conciencia moral, es decir, en el de los individuos. En el primero de ellos, las personas consideran justo lo que las favorece individualmente; en el segundo tienen por justo lo que coincide con las normas de su comunidad, es el momento del comunitarismo; y en el tercer nivel, el de mayor madurez moral, las personas reflexionan sobre lo justo y lo injusto teniendo como referencia a la humanidad. Es el momento del universalismo. Más tarde, Jürgen Habermas desarrollaría su teoría de la evolución social, tomando como pauta para el desarrollo filogenético, es decir, el de la conciencia moral social, los niveles de progreso que Kohlberg analizó en los individuos.

Pero sucede, como el mismo Kohlberg apunta, que en las sociedades pluralistas y democráticas, como las de Norteamérica y buena parte de Iberoamérica y de Europa, existe un verdadero abismo entre la ética que legitima las instituciones económicas y políticas y el juicio de los ciudadanos. Mientras que las instituciones se legitiman por la defensa de los derechos humanos y por los valores morales de la Ilustración, situándose en un nivel ético universalista, las personas que trabajan en esas instituciones y los ciudadanos se encuentran en el nivel convencional o preconvencional en el desarrollo del juicio moral.[9]

Puede decirse, pues, que existe en esas sociedades una conciencia moral social, una ética cívica, que da sentido a las instituciones políticas, económicas o académicas, y es universalista, mientras que los juicios y las actuaciones personales son egoístas o comunitaristas y pretenden favorecer a los individuos o a los grupos. De ahí que la ética escrita y declarada, la ética pública que se transmite a través de la educación reglada en los programas escolares y universitarios y pretende orientar el juicio y la decisión en los códigos, comités y comisiones de bioética, de empresa, de las administraciones públicas, de las universidades o de los partidos políticos, apueste por los derechos humanos, por los valores de la Ilustración y, cada vez más, por el cuidado de la naturaleza.

Porque es verdad que en la conciencia moral de las sociedades occidentales se ha producido un progreso a lo largo de la historia: la esclavitud ha quedado proscrita, como también el trato desigual por razón de raza, sexo, etnia, tendencia sexual o situación de riqueza o pobreza. De ahí que un buen número de grupos explique la historia de ese progreso como la de una ampliación del círculo de quienes son tomados como dignos de consideración moral. En principio, los ciudadanos varones, más tarde la abolición de la esclavitud lleva a incorporar a los que se consideraban esclavos, y paulatinamente los negros y las mujeres van cobrando carta de ciudadanía activa, hasta llegar al círculo de los animales no humanos. En el nivel de la moral escrita, en el de las declaraciones, el hecho incontestable de la diversidad nunca justifica un trato desigual, la discriminación negativa queda desautorizada.

Ésta es la moral que José Luis Aranguren llamaría «moral pensada» y aquí reconocemos también como «moral escrita» en constituciones, libros de texto y códigos de diversa índole.[10] Pero también recogida en la Declaración Universal de Derechos Humanos de 1948 y propuesta como proyecto ineludible en los Objetivos de Desarrollo del Milenio (2000) o en los Objetivos de Desarrollo Sostenible (2015). En todos ellos, erradicar el hambre, acabar con la pobreza extrema y la desigualdad injusta en sus diversas formas es un objetivo declarado, que forma parte de la moral pensada, escrita, declarada. Y es necesario recordar una vez más que las declaraciones no son discursos neutrales, sino que declarar es comprometerse.

Por eso resulta tan chocante el contraste que se produce entre las declaraciones y la moral vivida por las instituciones y por las personas, por la moral realmente querida en la vida diaria. Posiblemente como ocurrió en todos los tiempos, pero con una mayor visibilidad, gracias a la constante información de los medios de comunicación y a la infinidad de redes creadas por el progreso de la informática y las comunicaciones.

En el nivel de las *declaraciones* hablamos de que otro mundo es posible, e incluso que es necesario, porque el que tenemos no está a la altura de lo que merecen los seres humanos. Y yo añadiría que lo que es necesario es posible y tiene que hacerse real. Pero para lograrlo es preciso averiguar por qué se produce ese abismo entre declaraciones y realizaciones, qué es lo que nos pasa que deseamos un mundo y construimos otro. Por qué se habla constantemente de la necesidad de construir democracias inclusivas y, sin embargo, continúa habiendo una cantidad ingente de excluidos.

3. Tres versiones del mal radical

A esta asimetría entre el dicho y el hecho se la ha llamado *debilidad moral* (*akrasía*). La debilidad moral se muestra en el hecho de que alguien llegue a formular un juicio moral, como puede ser «fumar es malo para mí», y a la hora de actuar, vuelva a encender el cigarrillo. Esa debilidad de la voluntad se expresa magistralmente en el dicho latino «veo qué es lo mejor y, sin embargo, compruebo que sigo lo peor» (*video meliora proboque deteriora sequor*), un dicho que Ovidio pone en boca de Medea en *Las Metamorfosis* con las siguientes palabras: «Pero me arrastra involuntariamente una nueva fuerza, y una cosa deseo, la mente de otra me persuade. Veo lo mejor y lo apruebo, pero sigo lo peor».[11] También camina en el mismo sentido la afirmación desconcertada de San Pablo: «No hago el bien que quiero, sino que obro el mal que no quiero».[12]

Pero ese desconcierto no es sólo individual, sino también social, son tanto las personas como las sociedades las que piensan que unas cosas son mejores, cuando hablan en serio sobre ellas, y, sin embargo, siguen otras distintas cuando actúan. Hay una especie de debilidad moral también social. ¿Cómo se explica?

Algunas religiones, entre ellas la judía y la cristiana, encuentran la respuesta en un pecado original, un pecado que cometió la primera pareja y que se transmitió a todo el género humano, de tal modo que sólo la gracia divina hace posible la salvación. Esta explicación de un pecado de origen pasó a la filosofía, secularizada, en lo que algunos autores llamaron «la doctrina del mal radical». Un ejemplo bien conocido es el de Kant, que entiende el mal radical como la tendencia natural de las personas a optar por el egoísmo frente al deber moral. Siguiendo los pasos de San Agustín y de Lutero, Kant llega a la célebre afirmación de que el hombre es un árbol torcido al que es imposible enderezar.

Atendiendo a estas explicaciones, la aporofobia, la predisposición a rechazar al pobre y desamparado, a pesar de las declaraciones sobre la igual dignidad de todas las personas y sobre la necesidad de construir un mundo sin excluidos, tendría su raíz en la naturaleza humana, tarada por el pecado original en la versión religiosa, aquejada de un mal radical en la interpretación filosófica. En los dos casos la tendencia a prestar atención a los bien situados y a rechazar a los menos aventajados estaría enraizada en la naturaleza humana.

Sin embargo, podría existir también una *versión biológica* de este mal radical, que permitiría explicar por qué en los discursos de lo políticamente correcto se declara que todos los seres humanos son iguales en dignidad, y, sin embargo, a la hora de la verdad, que es la de la acción, la aporofobia es una realidad y los pobres quedan relegados. Es posible que la respuesta a esta flagrante incoherencia esté en nuestro cerebro. ¿Ocurre algo en él para que se abra un abismo entre el discurso y la acción, en este caso, en relación con los pobres? La pregunta no es irrelevante en estos tiempos en los que el quehacer de las neurociencias cobra un especial vigor, entre otras razones porque intentan adentrarse en ese órgano misterioso de un kilo y doscientos gramos, el cerebro, del que se dice que es el más complejo del universo y, sobre todo, que es el centro de control que dirige todas nuestras operaciones.

Recurrir a las neurociencias puede ser una buena ayuda para entender la disonancia entre declaraciones y actuaciones, porque, al parecer, la mente consciente no se halla en el centro de la acción del cerebro, con lo cual la mayor parte de lo que hacemos, pensamos y sentimos sigue su curso sin atenerse a nuestro control consciente. Ya Freud puso sobre el tapete la idea de que la mente es como un iceberg y que la mayor parte de su masa queda oculta, de modo que el inconsciente gobierna gran parte de nuestra vida, y hoy en día un autor como Eagleman titula uno de sus libros *Incógnito. Las vidas secretas del cerebro*. ¿Podemos encontrar en el cerebro la clave por la que los seres humanos somos xenófobos y aporófobos?

4. Las neurociencias entran en acción

En cada época de la historia alguna ciencia cobra una especial relevancia, de modo que en su campo proliferan las investigaciones, los proyectos y los programas en el ámbito nacional e internacional. Éste es hoy el caso, entre otras ciencias, de las neurociencias.[13]

Sin duda cuentan con una larga historia, que arranca en Hipócrates y tiene por hitos ineludibles el tratado de Thomas Willis *Cerebri Anatome* (1664), el artículo de John Harlow en el que narra el célebre accidente sufrido por Phineas Gage, que más tarde recoge António Damásio en *El error de Descartes*, y, por supuesto, las investigaciones de Ramón y Cajal.[14] Pero desde finales del siglo xx un conjunto de avances sitúa a las neurociencias en el primer plano de la atención. Sobre todo el progreso en las técnicas de neuroimagen, la tomografía por emisión de positrones, pero también los psicofármacos, las interfaces neurotecnológicas, las tecnologías de la estimulación cerebral, los implantes orgánicos y la terapia con células embrionarias. Todo ello está transformando nuestra capacidad para comprender el cerebro e intervenir en él. Se redefine nuestra comprensión de nosotros mismos y las relaciones cuerpo-cerebro.[15]

Es verdad que las imágenes cerebrales presentan muchos problemas. Por una parte, no son fotografías, sino que vemos de modo estadístico qué zona del cerebro tiene más flujo sanguíneo, pero no sabemos si el aumento es la causa del fenómeno explorado, la interpretación de los resultados depende mucho del diseño experimental, se obvia a menudo la distinción entre correlato y causa y se cae en la trampa de la inferencia causal no justificada.[16] Por si faltara poco, se necesita una gran dosis de interpretación que no es empíricamente constatable.

Pero, con todo, las neurociencias han avanzado. Un acontecimiento capital parece ser la primera reunión en Estados Unidos, en 1971, de la *Society of Neuroscience*, y cobran un especial vigor sobre todo a partir de los años noventa del siglo xx, una década que el Congreso de Estados Unidos declaró como «Década del Cerebro». Más tarde, en 2013, Barack Obama presenta el proyecto *Brain Research through Advancing Innovative Neurotechnologies* (BRAIN), y la Unión Europea, *The Human Brain Project* (BP), coordinado por el neurocientífico Henry Makram, también en 2013.

Es verdad que el hecho de que las investigaciones neurocientíficas supongan una gran cantidad de dinero ha llevado a sospechar que tal vez es sobre todo un negocio rentable, que promete más de lo que puede ofrecer, y que se aplicará al marketing empresarial o político con fines de manipulación, además de utilizarse para la terapia. Incluso recordando aquel célebre artículo de Jürgen Habermas «Ciencia y técnica como ideología», podríamos decir que las neurociencias se pueden convertir incluso en una nueva ideología, y que es necesario construir una neurociencia crítica.[17]

Sin embargo, y con las debidas cautelas, es posible aprender de ellas acerca de las bases cerebrales de la conducta humana, recurriendo también al apoyo de otras ciencias, como la genética, la biología molecular, la antropología, la biología, la matemática y la psicología evolutivas.[18] En nuestro caso, tal vez atendiendo a relevantes interpretaciones del funcionamiento del cerebro humano sea posible aclarar la contradicción personal y social de la que hablamos.

5. EL MITO DEL AURIGA

Sin duda existen diversas versiones de la naturaleza del cerebro humano, alguna de las cuales entiende que es una máquina que responde mecánicamente a un medio, mientras que otras lo consideran como un sistema autónomamente activo, en interacción social constante. Según esta segunda versión, que es a la que nos atenderemos porque resulta la más plausible teniendo en cuenta el estudio de los autores más relevantes, el cerebro tiene la peculiaridad de ser un órgano esencialmente evaluativo, es decir, que no es neutral, no es ajeno a los valores en su funcionamiento, sino todo lo contrario: realiza valoraciones inevitablemente para posibilitar la supervivencia.[19]

Al parecer, la evolución, por selección natural, ha dado lugar a ese carácter evaluador del cerebro, porque sin capacidad de evaluar los estímulos, seríamos incapaces de aprender y de recordar. Aprendemos y recordamos porque los estímulos se nos presentan en términos de valores negativos o positivos, que tomamos en cuenta a la hora de decidir. Ésta es la razón por la que los valores desempeñan un papel central en la toma de decisiones, y lo hacen al menos en dos niveles: como una estructura biológica básica o como un rasgo de nuestro razonamiento moral avanzado. En ambos casos los valores están entrañados en nuestro cerebro y por eso no es extraño que se lo haya descrito como un órgano narrativo, que hila sus propios relatos neuronales. Curiosamente, el cerebro es más un procesador de historias que un procesador lógico, por eso las historias atraen nuestra atención mucho más que los razonamientos. La idea de que el cerebro es una máquina que funciona como un mecanismo incapaz de valorar es inadecuada.

Pero lo que sí es cierto, dando un paso más, es algo que sabíamos al menos desde los primeros pensadores griegos y comprobamos por experiencia personal día a día: en cada ser humano existen distintas tendencias en conflicto, que no se articulan de un modo armónico a la hora de tomar decisiones y de actuar, sino que entran en colisión. Platón lo contaba con el mito del auriga, que conduce un carro alado y debe controlar a los dos caballos, el blanco y el negro, Aristóteles hacía consistir la ética en la necesidad de dar con el deseo recto entre los muchos que entran en competencia, y esa idea de la competición interna permanece en la historia del pensamiento y la acción, como recuerda claramente Albert Hirschman en su excelente libro *Las pasiones y los intereses*, al contar la historia del nacimiento del capitalismo. Entre las pasiones en conflicto es necesario espigar cuál es el interés más fuerte al que conviene atender.

Ésta es también una de las tesis de Eagleman en el libro que antes citamos y con la que se contrapone a la posición defendida por Marvin Minsky en *La sociedad de la mente*. Minsky considera que el cerebro funciona como una máquina, de forma mecánica, como una agrupación de subagentes, cada uno de los cuales se ocupa de una tarea, pero, según Eagleman, Minsky olvida que en una sociedad, y también en el cerebro, esos subagentes entran en competencia en cada una de las tareas para controlar el comportamiento. En realidad, los cerebros se componen de partes en conflicto, se comportan como un equipo de rivales.[20] Esas partes en conflicto podrían explicarse de diversos modos: como un «proceso doble», en el que entran en conflicto un sistema automático, implícito, heurístico, intuitivo, holístico, reactivo e impulsivo, con otro cognitivo, sistemático, explícito, analítico, reglamentista y reflexivo, como hace Evans; o bien, en el sentido del ello, el yo y el superyó freudianos; o también en el encuentro entre el cerebro reptiliano, el sistema límbico y el neocórtex, de que habló MacLean en 1950. Aunque estas teorías hayan perdido fuerza, Eagleman considera que puede hablarse de distintos sistemas, y propone dos, el racional y el emocional, que se manifiestan claramente en las decisiones ante diferentes dilemas. En cualquier caso, lo que importa aquí no es determinar el número de sistemas, sino constatar que el cerebro puede interpretarse como un equipo de rivales que entran en conflicto, por eso llegar a negociaciones internas a la hora de actuar es fundamental.

En este contexto es sumamente esclarecedora la anécdota que Eagleman cuenta sobre el actor Mel Gibson. Al parecer, el 28 de julio de 2006 la policía le detuvo por exceso de velocidad, le sometió a la prueba de alcoholemia y dio positivo, además, muy por encima del límite legal. La policía le arrestó por ebriedad, pero lo más extraño es que Gibson prorrumpió en comentarios injuriosos contra los judíos. Una filtración hizo posible que lo sucedido llegara al dominio público, y el 29 de julio el actor se vio obligado a presentar una amplia nota de disculpa. Ante este acontecimiento las reacciones del público tomaron dos caminos fundamentalmente.

Una parte consideraba que «el verdadero Gibson» es el que había proferido insultos antisemitas porque «en el vino está la verdad», como dijera el poeta griego Alceo de Mitilene (*en oino aletheia*) y más tarde repitiera Plinio, el Viejo (*in vino veritas*). Otros, por el contrario, opinaban que lo que realmente se piensa no aflora cuando la mente está perturbada por el alcohol o por la ira. Pero hay una tercera posibilidad, que es la que Eagleman mantiene: cada uno de nosotros alberga pensamientos distintos, que entran en competencia unos con otros y a menudo ni siquiera somos conscientes de ello. Y añade: «Me encantaría que nadie hubiera pensado jamás ningún comentario antisemita, pero, para mejor o para peor, existen pocas esperanzas de poder controlar las patologías de la xenofobia que a veces infectan los sistemas ajenos. Casi todo lo que denominamos pensar sucede muy por debajo de la superficie del control cognitivo».[21] Con la expresión «los sistemas ajenos» se refiere a los que se ocupan de distintas tareas en nuestro cerebro y compiten entre ellos por debajo de nuestro control consciente.

Es indudable que una anécdota como ésta se repite continuamente en la vida cotidiana, sobre todo cuando se trata de personajes públicos. Cuando un comentario contrario a los cánones de lo políticamente correcto llega a los medios de comunicación y a las redes sociales, se disparan las críticas y el personaje en cuestión casi siempre se retracta aduciendo que no es eso lo que quiso decir, que no es eso lo que realmente piensa. Naturalmente, con ello está intentando recuperar su reputación que, como veremos más adelante, es una cuestión vital para la convivencia, y más aún para desenvolverse en la vida pública. Pero lo más importante en este momento es reconocer que cada uno de nosotros puede albergar sentimientos diversos, que están en pugna internamente, y que lo esencial es conocerse y optar por reforzar los que creamos que merecen la pena. ¿Cuáles son esos sentimientos?, ¿es posible dirigirlos?

6. Somos biológicamente xenófobos

Según un buen número de autores, como Evers, nuestra identidad innata, propia de la especie a la que pertenecemos, nos predispone a desarrollar tendencias evaluativas universales que nos plantean problemas a lo largo de la vida, porque a menudo entran en contradicción entre sí. Nuestra identidad neuronal nos hace a la vez sociales e individualistas, porque las tendencias que entran en conflicto son fundamentalmente el autointerés, la orientación de control, la disociación, la simpatía selectiva, la empatía y la xenofobia.[22] Entender qué implica cada una de estas tendencias es de la mayor importancia.

La primera sería el autointerés. En principio, el cerebro es egocéntrico de forma natural porque refiere todas sus experiencias a sí mismo. Se trata de una autoproyección biológica, conectada con la predisposición a desarrollar una autoconciencia básica, que es una condición para formar una conciencia de orden más elevado.[23] El niño aprende a distinguir objetos a lo largo de su crecimiento y a distinguirse a sí mismo de ellos. Paulatinamente se convierte en objeto de experiencia para sí mismo, de forma que cuando tiene alrededor de un año y medio distingue «esto de aquí» como «yo», frente a «aquello de allá» como algo que es diferente.

Naturalmente, cuando hablamos de autointerés en este nivel nos estamos refiriendo a una tendencia biológica evaluativa básica, a un afán de sobrevivir que se expresa biológicamente en el deseo de estar bien alimentado, de sentirse seguro, de reproducirse, etcétera. No hablamos de una tendencia ética hacia lo moralmente bueno o malo.

Este autointerés básico, este afán de supervivencia, nos induce a *controlar* nuestro entorno inmediato y a buscar lo familiar, la seguridad, a preferir lo conocido. Esta experiencia de una cierta seguridad es necesaria para desarrollarse de una forma sana. No es extraño que en la vida cotidiana prefiramos un entorno controlable ni que intentemos incorporar lo desconocido a lo conocido.

Como decía Eagleman, refiriéndose precisamente a la xenofobia, y citábamos al comienzo de este capítulo, el miedo a los extranjeros es algo completamente natural. La gente prefiere a los que tienen su mismo aspecto y hablan como ellos. Desde el punto de vista de nuestra cultura, de nuestras declaraciones, esta aversión es inadmisible, pero desde un punto de vista biológico, el trato con lo familiar da seguridad biológica y lo extraño produce inseguridad e incomodidad. Por eso admiramos a quienes son capaces de abandonar una vida confortable y lanzarse a la aventura hacia gentes y tierras desconocidas.

Y pasando a la tercera tendencia que hemos mencionado, cuando las circunstancias con que nos encontramos nos perturban contamos con un mecanismo de *disociación*, por el que evitamos integrar información desagradable, intentamos defendernos. En este sentido puede decirse que el ser humano es un «animal disociativo»: invierte una gran cantidad de energía intelectual y emocional en distanciarse de cosas que le desagradan. Y ésta es una importante función adaptativa para sobrevivir.[24]

Cabe pensar entonces que el autointerés nos lleva a rechazar la información que nos perturba, se trate de acontecimientos o de personas. Que rechazamos naturalmente a los que nos molestan y no los integramos en las informaciones que aceptamos. Y cabe pensar, en consecuencia, que el mundo de las fobias empieza a encontrar aquí su raíz: rechazo de los extraños, rechazo de los que no parecen aportar nada positivo, rechazo de los que perturban la vida y pueden traer problemas. *A mi juicio, la aporofobia tiene aquí su raíz biológica*, en esa tendencia a poner entre paréntesis lo que percibimos como perturbador.

Al parecer, las emociones que conducen a prejuicios raciales y culturales tienen su base en parte en emociones sociales que, desde el punto de vista evolutivo, servían para detectar las diferencias que podían señalar un riesgo o un peligro, e incitar a retirarse o a agredir. Probablemente, estas reacciones consiguieron resultados favorables en las sociedades tribales de los orígenes y, aunque ahora en ocasiones no resulten favorables, nuestro cerebro lleva todavía esa maquinaria incorporada.[25]

Sin embargo, lo cierto es que tener una predisposición no implica estar determinado a actuar en ese sentido, porque el cerebro está dotado de una enorme plasticidad que nos permite modularlo a lo largo de la vida, y, además, existen en él otras tendencias evaluativas universales que podemos reforzar para reducir e incluso eliminar esas fobias, como es el caso de la tendencia a cuidar de otros.

En efecto, en el caso de los animales sociales, es verdad que el circuito neuronal es una base para el propio cuidado y bienestar, que son los valores más básicos, pero ese cuidado está ligado también al de otros, con los que existe un vínculo. Autoras como Patricia Churchland consideran que ese vínculo biológico es el que se encuentra en la base de la moral.[26] La cuestión sería la siguiente.

La tendencia a cuidar de los hijos, de los compañeros y de los cercanos es adaptativa, directa o indirectamente, porque, en caso contrario, no hubiera sido seleccionada y disminuiría el número de los que cuidan de otros. Probablemente, los mecanismos que sustentan la conducta cooperativa fueron evolucionando y desde hace unos trescientos cincuenta millones de años la organización neuronal se modificó para ocuparse de otros, de la descendencia indefensa, y, según las condiciones empíricas, de los parientes y amigos. De donde se sigue que somos capaces de cuidar por nuestro propio interés.

Pero también es verdad que la inmensa mayoría de los neuroéticos reconoce que ese vínculo del cuidado se extendía desde el origen a los parientes, a los cercanos y a la comunidad, pero no a todos los seres humanos. Que el vínculo del cuidado seleccionado por el proceso evolutivo es claramente selectivo.[27] Por eso podemos hablar de otra tendencia universal, la *simpatía selectiva*, que se extiende a otros, en proporción a su cercanía en términos biológicos: reconocimiento facial, distinciones entre los de dentro y los de fuera del grupo, de la cultura, la ideología, etcétera. Esta *simpatía selectiva* lleva a cooperar con el grupo y a considerarlo un «nosotros» frente a un «ellos».[28] Con lo cual, el problema permanece porque la distinción entre «nosotros» y «ellos» conduce a conflictos inevitables cuando el interés propio choca con la cooperación selectiva.

La simpatía precisa de la empatía, que es la capacidad de comprender los sentimientos de otros, poniéndonos en su lugar a través de la imaginación; la capacidad de reconstruir imaginativamente la experiencia de otra persona, sea alegre, triste, placentera o dolorosa.[29] Una interpretación sobre cuál es la base de la empatía es la existencia de las neuronas espejo y el mecanismo es la simulación interior.[30] Pero la empatía no es ya simpatía, porque es posible comprender el estado afectivo de otro sin sentirse comprometido con él. De hecho, el torturador es sumamente empático con su víctima, comprende qué torturas pueden dolerle más, y, por supuesto, se ocupa «disociativamente» de que ese dolor no llegue a afectarle.

Sin embargo, la *simpatía* lleva a quien la siente a verse afectado por la situación de otro, es un sentimiento que abre al dolor de otro.[31] En cualquier caso, estas capacidades suponen funciones cognitivas complejas, tanto de valores biológicos como socioculturales. Y en el caso de la simpatía, al ser selectiva, al aproximarnos a los cercanos, pero no a los lejanos, nos hace por naturaleza «empáticamente xenófobos».[32]

Se sigue entonces que cualquier intento de construir estructuras sociales que modulen esta identidad debe tener en cuenta este desafío biológico, además de los culturales, políticos y sociales.

Evidentemente, para llegar hasta este punto nuestro cerebro ha seguido una historia.

7. Breve historia del cerebro xenófobo

Aunque esta historia es en buena medida especulativa porque, obviamente, no hay experiencia directa de los orígenes, es ya un lugar común en la neuroética reconocer que nuestros cerebros cuentan con unos códigos de conducta seleccionados por la evolución. Al parecer, en el origen de las relaciones sociales, cuando se fue construyendo el cerebro humano, los hombres vivían juntos en grupos muy pequeños, que no sobrepasaban los ciento treinta individuos y eran homogéneos en raza y costumbres. Los códigos que fue incorporando el cerebro eran fundamentalmente emocionales y necesarios para sobrevivir y reforzaban la ayuda mutua, la cohesión social y el recelo frente a los extraños.[33] Aquí empieza la historia del cerebro xenófobo, porque, según un buen número de autores, parte de la respuesta al menos podría encontrarse en los códigos de funcionamiento más primitivos de nuestro cerebro, adquiridos a lo largo de la evolución.[34]

A estas conclusiones se ha llegado, por ejemplo, mostrando cómo nuestros cerebros reaccionan de forma diferente cuando deben resolver dilemas morales que afectan a personas cercanas —los dilemas personales— y cuando afectan a personas distantes en el espacio o en el afecto, es decir, los dilemas impersonales.[35] Cuando hay cercanía física se activan los códigos morales emocionales de supervivencia profundos, mientras que, si no la hay, se activan otros códigos cognitivos más fríos, más alejados del sentido inmediato de la supervivencia.

Las técnicas de neuroimagen permiten apreciar que en las situaciones morales personales las imágenes cerebrales revelan una gran actividad en zonas que desempeñan un papel crucial en el procesamiento de las emociones, un circuito que va aproximadamente desde el lóbulo frontal hasta el sistema límbico. También Greene llegó a la conclusión de que cuando los sujetos formulaban su juicio a contracorriente, se mostraba una activación mucho mayor del córtex prefrontal dorsolateral, zona que interviene en la planificación y el razonamiento. Por tanto, los juicios sobre dilemas morales personales implican una mayor actividad en las áreas cerebrales asociadas con la emoción y la cognición social.

Por eso nos afecta emocionalmente la situación de la gente cercana, cosa que no ocurre con la que no conocemos: desde una perspectiva evolutiva, las estructuras neuronales que asocian los instintos con la emoción se seleccionaron, ya que resulta beneficioso ayudar a la gente de modo inmediato. En principio, ésta ha sido la clave del altruismo de grupo, por el que los seres humanos se vinculan estrechamente a esos cercanos a los que necesitan para sobrevivir, que les resultan familiares, con quienes se sienten más seguros. Los extraños, los diferentes representan un peligro, ya biológicamente. Por eso la xenofobia, el temor ante el extraño, el rechazo del diferente, está biológicamente arraigada. Pero ¿lo está también la aporofobia, el repudio del pobre?

8. Aporofobia: los excluidos

Es ya un tópico en el mundo de la antropología evolutiva y en el de la neuroética recordar que uno de los problemas con los que se encontró Darwin al elaborar *El origen del hombre* fue el del altruismo biológico. A Darwin le resultó difícil explicar desde la hipótesis de la selección natural el altruismo biológico, el hecho de que no sean los egoístas los que triunfan en la lucha por la vida, sino también los altruistas, los que invierten parte de sus energías en la adaptación de otros. Por ejemplo, desde el punto de vista de la selección natural, deberían reproducirse los individuos que no van a la guerra y se aprovechan de que los demás sí vayan, y no deberían reproducirse los que mueren en la guerra por defender al grupo. ¿Cómo se explica desde esta perspectiva que no desaparezcan los altruistas? A fin de cuentas, la conducta altruista parece beneficiar a quien la recibe y perjudicar a quien la lleva a cabo, porque el sujeto altruista disminuye su inversión en adaptación: la selección natural debería barrer a aquellos que reducen su valor reproductivo invirtiendo en los demás.

La respuesta de Darwin ante este misterio consistió en remitirse a la selección de grupos. A lo largo del proceso evolutivo, los seres humanos vivían en grupos reducidos, que necesitaban de la solidaridad interna de sus miembros para sobrevivir. Con lo cual, la conducta altruista no proporcionaría ventajas a los individuos dentro de un grupo, pero sí permitiría la selección entre los grupos, de modo que los más cohesionados internamente sobrevivirían mejor en la lucha por la vida. En palabras del propio Darwin:

> No hay que olvidar que, aunque un elevado nivel de moralidad no confiere más que una ligera ventaja, o ninguna en absoluto, a cada hombre individual y a sus hijos sobre los demás hombres de la misma tribu, en cambio, un aumento en el número de hombres bien dotados de cualidades y un progreso en la norma de moralidad otorgará ciertamente una inmensa ventaja a una tribu sobre otra. Una tribu que incluya muchos miembros que, por poseer en alto grado el espíritu de patriotismo, fidelidad, obediencia, valentía y simpatía, están siempre dispuestos a ayudarse mutuamente y a sacrificarse por el bien común, será victoriosa sobre la mayoría de las demás tribus; y esto será selección natural.[36]

Ciertamente, la explicación de Darwin ha resultado atractiva para entender que los individuos altruistas lo sean por la presión del grupo que intenta sobrevivir. Y es cierto que la supervivencia del grupo exige sacrificar el egoísmo tanto por amor al grupo como por autointerés, pero el altruismo de grupos es inevitablemente xenófobo y excluyente, porque se basa a la vez en el altruismo interno al grupo y en el rechazo a los extraños.

Si los seres humanos practicamos una simpatía selectiva con los hijos y parientes y con los miembros de nuestros grupos, entonces no hay compasión con los que quedan fuera. Que existan excluidos es inevitable.

Sin embargo, esta afirmación parece refutada por el hecho de que los seres humanos practicaban y practican el altruismo también traspasando los límites del grupo. Con lo cual, la hipótesis de la selección de grupos para explicar el altruismo biológico ha resultado insuficiente y han surgido una buena cantidad de hipótesis para dar cuenta de él, que cubren un amplio espectro: desde la idea del gen egoísta, que popularizó Dawkins, pasando por el altruismo genético de Hamilton, según el cual, el individuo altruista en realidad lo que intenta es proteger sus genes.[37] Hamilton ofrece una nueva fórmula de la Regla de Oro, presente en todas las morales religiosas y seculares, en el siguiente sentido: «Obra con los demás según la medida en que compartan tus genes».[38]

Pero de nuevo esta interpretación resulta insuficiente para explicar el altruismo biológico, porque hay acciones costosas para un individuo que van más allá de la barrera del parentesco. Para dar razón de ellas la respuesta más plausible consiste en afirmar que hay una capacidad, presente en los seres humanos, y tal vez en algunos animales, que es la *capacidad de reciprocar*: hay acciones altruistas que no se explican por el parentesco, sino por la *expectativa de reciprocidad*.

Y, en efecto, ésta es hoy una de las claves indispensables a la hora de entender la conducta humana, que los seres humanos estamos dispuestos a dar con tal de tener expectativas de recibir algo a cambio, que estamos dispuestos a cooperar como una forma más inteligente de sobrevivir, y de sobrevivir bien, que buscando el conflicto.

La leyenda de que los seres humanos se conducen por una racionalidad maximizadora, empeñada en lograr el máximo beneficio a toda costa, está desacreditada. Es mucho más racional buscar la cooperación que el conflicto, conseguir aliados que generar adversarios. Por eso, las personas y organizaciones prudentes enfocan sus empresas y negocios como juegos cooperativos, en los que no aspiran a obtener el máximo beneficio, caiga quien caiga, sino que están dispuestos a contentarse con la segunda o la tercera opción más deseable para todos. Sumando fuerzas siempre se consigue algo positivo y se crea algo tan deseable para el futuro como los vínculos de cooperación, sumamente rentables a medio y largo plazo.

De ahí que se venga reconociendo en los últimos tiempos en todas las esferas de la vida social que la figura del *homo oeconomicus*, maximizador de su ganancia, debe ser sustituida por la del *homo reciprocans*, del hombre capaz de dar y recibir, de reciprocar, de cooperar, y que se mueve racionalmente, pero también por instintos y emociones, y no sólo por el cálculo de la máxima utilidad.[39] Y sucede que, al comprobar que el juego de dar y recibir resulta beneficioso para el grupo y para los individuos que lo componen, este juego ha ido cristalizando en normas de reciprocidad indirecta que forman el esqueleto sobre el que se sustenta la encarnadura de las sociedades contractualistas en las que vivimos, regidas por el Principio del Intercambio. Cualquier actuación espera un retorno, la reciprocación es la base de la cooperación; pero ese retorno no siempre tiene que proceder del beneficiario, sino que bien puede venir de otros.

Es a esta cooperación a la que se refería Kropotkin, el clásico del anarquismo, que en *Ayuda mutua: un factor de evolución* documenta con datos empíricos que la ayuda mutua es mejor factor de supervivencia que la competición. Y a la que se refería Kant unas décadas antes en su escrito sobre *La paz perpetua* al decir que hasta un pueblo de demonios, de seres sin sensibilidad moral, preferiría formar un Estado de derecho, en el que los individuos son protegidos por las leyes, que quedar desamparados en un estado sin leyes, en el que cualquiera te puede quitar la vida, la propiedad y la libertad de decidir el propio futuro. Pero, eso sí, Kant añadía que los demonios preferirían entrar en ese Estado y renunciar a la libertad sin leyes siempre que fueran inteligentes.[40]

Parece, pues, que biológicamente estamos preparados para el egoísmo, pero también para la cooperación. Por eso, el individualismo egoísta es un invento sin sustento, que cumple una misión ideológica. El principio adaptativo ha ido acuñando ese cerebro contractualista, que nos lleva, no a buscar el mayor bien del mayor número ni la promoción de los más aventajados, sino a sellar un pacto de ayuda mutua con todos aquellos que nos son necesarios para sobrevivir y prosperar.

Sin embargo, si una de las tendencias evaluativas propias de nuestra especie es la tendencia a intentar alejar aquellos acontecimientos o personas que puedan resultar perturbadores y no beneficiosos; si es verdad que somos «animales disociativos», preparados para poner entre paréntesis las situaciones y las personas que traen consigo problemas, no es extraño que siempre haya excluidos en nuestras sociedades. Son aquellos que no arriendan ganancias en el proceso infinito de intercambio, que parecen no aportar nada positivo para la propia supervivencia y bienestar.

Es verdad que existen el racismo y la xenofobia de quienes rechazan a quien pertenece a otra raza o a otra etnia. Como también que existen el nepotismo y el familismo amoral de quienes sitúan a sus hijos y parientes por delante de cualquier otro aunque sea con flagrante injusticia. Es verdad que existe ese comunitarismo paleto que fortalece denodadamente la identidad y los símbolos del grupo, como si viviéramos en los tiempos de los cazadores-recolectores. Y también es verdad que, afortunadamente, las personas, organizaciones e instituciones prudentes han aprendido que cooperar es mucho más inteligente que intentar el máximo a través del conflicto. Pero también sigue siendo verdad, desgraciadamente, que en la sociedad contractualista y cooperativa del intercambio se excluye al *radicalmente extraño*, al que no entra en el juego del intercambio, porque no parece que pueda ofrecer ningún beneficio como retorno. Ése es el pobre en cada ámbito de la vida social.

El pobre es el que queda fuera de la posibilidad de devolver algo en un mundo basado en el juego de dar y recibir. Y entonces parece que tomarle en cuenta implique perder capacidad adaptativa biológica y socialmente, porque son los bien situados los que pueden ayudar a sobrevivir y prosperar.

¿Quiénes son los «sin poder»? Pueden ser los discapacitados psíquicos, los enfermos mentales, los pobres de solemnidad, los sin papeles, los «desechables», los sin amigos bien situados. Y en cada esfera social, los que no pueden devolver los bienes que se intercambian en ella, que pueden ser favores, puestos de trabajo, plazas, dinero, votos, apoyo para ganar unas elecciones, honores y prebendas que satisfacen la vanidad.

Éste es el caldo de cultivo, biológico y social, de la aporofobia, de la aversión hacia los *áporoi*, hacia los que no tienen nada bueno que ofrecer a cambio. Y no sólo si quedan lejos, sino todavía más si están cerca y pueden causar problemas, si pertenecen a la propia familia y se les trata como a una vergüenza que hay que ocultar.

La buena noticia, sin embargo, es que nuestro cerebro tiene una gran plasticidad y se deja influir socialmente, incluso antes del nacimiento.[41] Naturaleza y cultura se influyen mutuamente, de forma que podemos decir que la construcción de nuestro cerebro es biosocial, que el aprendizaje y la experiencia están entremezclados con la acción de los genes.[42] Será, pues, clave la educación formal e informal, serán esenciales las decisiones tomadas a lo largo de la vida, pero también la creación de instituciones y organizaciones que refuercen el reconocimiento de los sin poder.

De todo esto se sigue que para estar a la altura de aquel sueño compartido con el que comenzamos este capítulo, no bastan como móviles de la conducta ni el egoísmo ni siquiera el afán de cooperar. Es necesario ir más allá de ello, hacia el reconocimiento recíproco de la dignidad y hacia la compasión, que rompe barreras y se extiende universalmente.[43] Que no viene como tal inscrita en los genes, instalada en el cerebro, pero la hemos bebido en tradiciones culturales que hacen de ella la experiencia humanizadora por excelencia.

Capítulo 5

CONCIENCIA Y REPUTACIÓN

> Nos las arreglamos mejor con nuestra mala concien-
> cia que con nuestra mala reputación.
>
> F. NIETZSCHE, *La gaya ciencia.*

1. LA NECESIDAD DE EDUCAR LA CONCIENCIA

La aporofobia tiene bases cerebrales y sociales que, afortunadamente, pueden ser modificadas, y los caminos más adecuados para
esa transformación son la educación, entendida en sentido amplio,
y la construcción de instituciones económicas, políticas y sociales
capaces de fomentar el respeto a la igual dignidad de cada una de
las personas concretas. Pero uno y otro camino resultarían intransi-
tables si en las personas no existiera lo que tradicionalmente se ha
llamado y se llama «conciencia moral», capaz de tomar las riendas
de la propia vida, capaz de obrar por sí misma, y no sólo por la presión del entorno.

Es verdad que en los últimos tiempos algunas voces insisten en
recurrir a un tercer expediente un tanto novedoso, que es la biomejora moral, y por eso de ella trataremos en el próximo capítulo.
Pero incluso para intentar mejorar la motivación moral a través de
medios como pueden ser los fármacos, sería necesario averiguar
previamente si existe la conciencia personal capaz de optar por esos
remedios desde la libertad y no únicamente desde imposiciones au-
toritarias. A fin de cuentas, sólo la libertad puede ser un camino
hacia la libertad.

Y sucede que en ese camino aparece constantemente como la
otra cara de la moneda de la conciencia esa valoración que la sociedad hace de las actuaciones y que lleva el nombre de «reputación».
El reconocimiento de buena o mala reputación en el caso de las
personas, las empresas, las organizaciones o las instituciones es un

instrumento muy poderoso que la sociedad puede utilizar, y de hecho utiliza, para incentivar un tipo de actuaciones y debilitar otras, para reforzar conductas prosociales, o justamente las contrarias. Precisamente por eso, es esencial conocer y ponderar la fuerza de la reputación, pero a la vez, fortalecer la conciencia para que sepa discernir y actuar sin someterse al imperativo de lo socialmente correcto. En caso contrario sólo se repudiarán las fobias socialmente proscritas y se darán por buenas las que la fuerza social acepte.

2. El anillo de Giges

Al comienzo de su excelente novela *Las buenas conciencias*, el escritor mexicano Carlos Fuentes recoge una frase que en el libro él atribuye a Emmanuel Mounier.[1] Aunque lo cierto es que la frase es originariamente de Nietzsche, no es en esta discusión en la que queremos entrar en lo que sigue, sino en el contenido de ese breve texto, que Fuentes escribe en francés y que no puede ser más significativo: «On s'arrange mieux de sa mauvaise conscience que de sa mauvaise réputation».[2] «Nos las arreglamos mejor con nuestra mala conciencia que con nuestra mala reputación.» El desarrollo de la obra confirma sobradamente estas palabras.

Con ellas el autor se refiere, obviamente, a dos dimensiones del mundo humano, que en principio podrían considerarse interna y externa. La conciencia representaría el mundo interior; la reputación haría referencia a la valoración que la sociedad hace de las actuaciones de una persona. Un cierto tipo de conciencia y de reputación merecerían el calificativo de «morales», y de ellas nos ocuparemos preguntando desde el comienzo si no podría darse el caso de que coincidieran y de que no hubiera tal distinción «interno-externo». En ese caso, la conciencia moral no sería sino la internalización que cada sujeto hace de las reglas de la propia sociedad, o de una sociedad en la que se inscribe idealmente y en la que querría ser bien acogido.

No tendría sentido entonces la célebre leyenda del anillo de Giges, que Platón cuenta en el II Libro de *La República*, porque cada persona viviría, a fin de cuentas, de la pura exterioridad. El contexto en el que se relata la leyenda es el del diálogo sobre qué es la justicia, en el que intervienen Glaucón, Adimanto, Trasímaco y Sócrates. Es Glaucón quien cuenta la leyenda del pastor que encuentra un anillo que hace invisible a quien lo lleva solamente con girarlo. Sirviéndose de él seduce a la reina de Lidia, mata al rey y se apodera del reino. La cuestión que Glaucón plantea es bien sugerente: si hubiera dos anillos como el de Giges y diéramos uno al hombre justo y otro al injusto, en nada diferirían el comportamiento de uno y otro, ya que «nadie es justo de grado, sino por fuerza [...], puesto que en cuanto uno cree que la injusticia resulta mucho más ventajosa personalmente, la comete».[3] Lo justo se acepta no porque sea bueno en sí mismo, sino porque se carece del poder suficiente para cometer la injusticia.

Ciertamente, en el contexto del diálogo Glaucón está oficiando de abogado del diablo. Él está convencido de que la justicia es buena en sí misma, y no por las consecuencias que pueda reportar, y de que la injusticia es rechazable en sí misma, pero con su relato pretende incitar a Sócrates para que dé razones decisivas a favor de la justicia. A juicio de Glaucón, la gente vulgar opina que la injusticia es personalmente más rentable que la justicia, pero, a la vez, que es aconsejable aparentar que se actúa con justicia por miedo a la pérdida de reputación y a otras formas de castigo social. Glaucón espera de Sócrates argumentos contundentes para desbaratar esta opinión que, según él, no sería sino la de la gente vulgar.

Pero, dejando de momento a un lado el texto de Platón, ¿qué sucedería si fuera el vulgo quien llevara razón?, ¿qué sucedería si lo que se ha dado en llamar «conciencia moral», de la que debería formar parte la idea de justicia, fuera sólo un cálculo prudencial de hasta dónde se puede llegar en la búsqueda del beneficio propio sin provocar el rechazo del cuerpo social?

La pregunta por la naturaleza de la conciencia moral ha venido planteándose en la filosofía occidental al menos desde los pitagóricos, Sócrates, Platón y Aristóteles, estoicos y epicúreos, el mundo medieval, los ilustrados y Hegel, hasta llegar a las filosofías de la sospecha, que pusieron en cuestión la centralidad de la conciencia, o a Heidegger, Lévinas y Jonas, que la pusieron de nuevo sobre el tapete,[4] y en nuestro siglo XXI continúa siendo un tema de reflexión. Pero el triunfo del naturalismo como método adecuado para aproximarse a la realidad de la naturaleza y conducta humanas abona cada vez más la idea de entender esa conciencia, no como una voz interior, no como un *daímon* interior al estilo socrático, sino *como un cálculo prudencial ligado a la reputación*.

La cuestión no puede tener mayor trascendencia y actualidad. En lo que se refiere a la vida social, la conciencia moral es indispensable en las sociedades modernas, en las que se reconocen la libertad de conciencia, la objeción de conciencia, las cláusulas de conciencia y la desobediencia civil, que, aunque difiere de la objeción de conciencia, no puede prescindir de la conciencia moral. Y en lo que se refiere a la conciencia personal, sin conciencia de autoobligación, que supone responsabilidad, se diluye la vida moral. ¿Cómo criticar la corrupción, el engaño o la hipocresía si sólo el miedo a perder la reputación constituye la conciencia?, ¿cómo educar sujetos morales, que deberían ser la sustancia de una sociedad democrática, si carece de sentido intentar formar su conciencia?

En este sentido es interesante la caracterización de moralidad que hace Moll, una caracterización que es usual en el ámbito de las ciencias sociales. Siendo especialista en el tema de las emociones morales, entiende que estas emociones «están estrechamente ligadas a los intereses o al bienestar o bien de la sociedad como un todo o bien de personas distintas al agente».[5] Esta tendencia a vincular la moralidad con las conductas que reprimen el egoísmo y potencian la solidaridad es muy usual, y queda bien expresada, a mi juicio, en la conocida caracterización de Durkheim, a la que recurre en algún momento Jonathan Haidt, entendiendo que es moral todo lo que es fuente de solidaridad, lo que fuerza al hombre a regular sus acciones por otra cosa que su egoísmo.[6] El propio Haidt la asume, y amplía esta concepción de lo moral diciendo que «los sistemas morales son conjuntos engranados de valores, virtudes, normas, prácticas, identidades, instituciones, tecnologías y mecanismos psicológicos evolucionados, que trabajan conjuntamente para suprimir o regular el autointerés y hacer sociedades lo más cooperativas posible».[7]

La moralidad consistiría entonces en el conjunto de valores, principios y costumbres que llevan a controlar el egoísmo y a reforzar la cooperación y la solidaridad, en principio entre los seres humanos próximos, paulatinamente también en el conjunto de la humanidad. El mensaje que se extraería sería el siguiente: la convivencia entre seres radicalmente egoístas sería inviable y por eso la moralidad es un producto de las presiones de la evolución, que han conformado mecanismos sociales cognitivos y emocionales, ya presentes en nuestros antecesores, hasta llegar a formas humanas de experiencia. La evolución de la corteza prefrontal estaría íntimamente relacionada con la emergencia de la moralidad. ¿Cómo se produjo esta evolución?

Esta constatación sociológica tiene un refrendo biológico en la teoría evolucionista de cuño darwiniano, de la que ya hemos hablado, aunque para ello se hizo necesario en principio transitar de la selección individual a la selección de grupos.

3. El origen biológico de la conciencia moral

El estudio de la conciencia moral tiene una larga historia, cuyo comienzo en el mundo filosófico occidental suele situarse en Sócrates. Podría parecer entonces que se preocupan por ella fundamentalmente autores no naturalistas, es decir, autores que tratan de ir con su reflexión más allá de la experiencia sensible y de acceder a un ámbito abstracto, en que se descubren conceptos y valores universales alejados del mundo biológico.[8] Sin embargo, no es así, y, como muestra, podemos citar el texto de un autor declaradamente naturalista, Charles Darwin, quien afirma taxativamente en *El origen del hombre*:

> Suscribo totalmente la opinión de aquellos autores que sostienen que de entre todas las diferencias entre el hombre y los animales inferiores, el sentido moral o conciencia es, con mucho, el más importante. Este sentido, tal como señala Mackintosh, «tiene una supremacía legítima sobre cualquier otro principio de acción humana».[9]

La conciencia moral no es, pues, según Darwin, una dimensión intrascendente de la vida humana, sino que, a su juicio, marca la diferencia más relevante entre el hombre y el animal y tiene supremacía sobre cualquier otro principio humano. En ello insiste reiteradamente a lo largo de su obra. Ciertamente, entre ciertos animales no humanos, como los chimpancés, y los seres humanos existen un conjunto de disposiciones comunes que podríamos llamar «protomorales» o, por decirlo con De Waal, los *«building blocks»* de la moralidad, los ladrillos que permiten construirla, entre los que señala la reciprocidad, el consuelo, la aversión a la inequidad, la empatía y el seguimiento de reglas de conducta reforzado por otros.[10] En algunos casos es discutible que también los animales estén dotados de estos materiales, pero, aunque así fuera, lo cierto es que no les capacitan todavía para desarrollar el sentido moral o conciencia, sino que hace falta algo más. ¿En qué consiste esta dimensión? Según Darwin,

> En último término, nuestro sentido moral o nuestra conciencia se convierte en un sentimiento muy complejo: se origina en los instintos sociales, es conducido en gran parte por la aprobación de nuestros semejantes, regido por la razón, el interés propio y, en los últimos tiempos, por sentimientos religiosos profundos, y confirmado por la instrucción y el hábito.[11]

El *origen* de la conciencia moral lo constituyen, pues, los instintos sociales de los seres humanos; y le permite constituirse un entramado de condiciones de las que carece el animal no humano, como son la aprobación, la razón, el autointerés, la instrucción, el hábito y los sentimientos religiosos.[12] Ciertamente, la afirmación del *origen social* de la conciencia es ya un lugar común a la hora de explicar su procedencia biológica. Y ésta es tal vez la razón de que en ocasiones se difumine su carácter personal y se llegue a identificar «moral» con «social».

Desde un punto de vista evolutivo, la aparición de la conciencia moral parece ligada al «misterio del altruismo biológico», del que ya hemos tratado.[13] ¿Cómo se explica desde la hipótesis de la selección natural que no desaparezcan los altruistas? Darwin adujo como posible causa la selección de grupos: la conducta altruista no proporcionaría ventajas a los individuos dentro de un grupo, pero sí permitiría la selección entre los grupos, porque los grupos internamente solidarios resistirían más en la lucha por la supervivencia.[14] Una hipótesis muy sugestiva que, sin embargo, deja sin explicar el altruismo individual, porque en los grupos abundan los polizones dispuestos a viajar a costa de los demás, calculando cómo hacerlo para no salir perjudicados. ¿Cómo se explica entonces el altruismo individual? En la respuesta a esta pregunta ocupa un lugar importante la aparición de la conciencia moral.

4. El sentimiento de vergüenza y la agresión moralista

La respuesta más convincente es que a lo largo de la evolución los grupos se protegen castigando a los polizones de diversas formas: eliminándolos físicamente, condenándoles al ostracismo o haciéndoles sufrir la vergüenza de privarles de su reputación. Es lo que se ha llamado la selección social.

Ya en 1971 Robert Trivers identificó la «agresión moralista» como una fuerza selectiva en el incumplimiento de normas de los cazadores-recolectores, una fuerza coactiva que se utiliza constantemente en nuestras sociedades y que conviene estudiar muy a fondo.[15] Gracias a esa agresión, en la época de los cazadores-recolectores los polizones quedaban arrumbados y tenían pocas opciones de reproducirse, mientras que los altruistas eran más apreciados por la colectividad y tenían mayores posibilidades de reproducirse.[16] Pero para que este mecanismo funcionara se hizo necesario que los individuos adquirieran un conjunto de capacidades, que han sido decisivas para conformar la biología de la conciencia moral. Un conjunto de esas capacidades componen lo que Alexander llamó «reciprocidad indirecta», y son la capacidad de presumir intenciones ajenas y, por lo tanto, detectar a quienes violan las normas del grupo intencionadamente, la capacidad de castigar a los infractores, aunque propinar el castigo resulte doloroso para quien lo hace, y la capacidad de aplazar la gratificación.[17]

Pero para el surgimiento de la conciencia moral es esencial *la conciencia de que existen las leyes del grupo, de que violarlas va a re-*

portar castigos físicos o espirituales, y, en cualquier caso, el desprecio de los compañeros, y muy especialmente, el sentimiento de *vergüenza* que se experimenta al perder la *reputación* en el seno del grupo, siendo así que la reputación es esencial para sobrevivir. No es extraño que Darwin escribiera a los administradores coloniales y a los misioneros preguntando si los indígenas de Asia y África enrojecían de vergüenza, y llegó a la conclusión de que toda la especie humana enrojece, que tener un color facial por razones sociales es único en la especie humana; con lo cual parece ser que las reacciones de vergüenza tienen una base innata, que no es una cuestión cultural.[18]

Sentimiento de vergüenza y *afán de reputación* serían indispensables para la supervivencia, no sólo de los grupos, sino también *de los individuos,* y con su aparición se daría el paso esencial en la evolución moral humana.

Cómo se llegó a este punto es del mayor interés, porque la hipótesis del *chismorreo* cobra cada vez más fuerza. Supuestamente, los individuos de las tribus de cazadores-recolectores murmuraban y criticaban a los violadores de las reglas del grupo. Por su parte, los miembros del grupo se comportaban de forma altruista para mantener la reputación. Según estas versiones, la preocupación por la alabanza y el reproche ajenos es el estímulo más importante para desarrollar las virtudes sociales, un estímulo anclado en el sentimiento de simpatía.[19] La simpatía, la capacidad de comprender el sufrimiento y la alegría de los demás, es imprescindible para poder compadecerse de ellos y comprometerse con ellos, pero también nos hace enormemente dependientes de ellos porque nos importa la visión que tienen de nosotros; nos importa nuestra reputación.[20]

5. El Jardín del Edén natural

Llegados a este punto es inevitable recordar el relato del libro del Génesis, cómo al violar el mandato divino, Adán y Eva tomaron conciencia de que estaban desnudos y sintieron vergüenza. Conciencia de ley y vergüenza por haberla infringido parecen encontrarse en los orígenes de la conciencia del bien y el mal morales. Se podría hablar, como de hecho se hace, de una versión bíblica y de una versión naturalista del Jardín del Edén; en la primera, el mandato es divino, en la segunda, biológico.[21]

En el relato del Génesis, la vergüenza por la propia desnudez podría interpretarse como una forma de expresar la conciencia de culpa en sociedades que dan una importancia extremada a las formas de relación sexual. Pero también puede referirse a la vergüenza por haber sido descubiertos violando la norma, por sentirse expuestos a la reprobación pública, perdiendo con ello la reputación. La expulsión del Jardín del Edén podía reportar la fatiga en el trabajo y los dolores del parto, pero también el sufrimiento espiritual profundo al saberse descubiertos como infractores. Como también Caín fue castigado por su crimen y desterrado a la Tierra Perdida, al este del Edén.

Ésta sería la fuerza de la vergüenza social, que hoy en día algunos intelectuales aprecian como mecanismo para acabar con la corrupción y con las malas prácticas, pero que es un arma de doble filo porque la usa quien tiene poder para hacerlo, no quien tiene razón, y según las normas del grupo social, que no siempre son justas. Precisamente por eso, esa arma puede emplearse contra los más débiles, contra los que no pueden devolver beneficios ni tampoco venganza, y convertirse en un instrumento más de dominación desde el poder. Es necesario aguzar el discernimiento en cada momento, la capacidad crítica, para descubrir quiénes son los más débiles.

6. ¿Qué dice la voz de la conciencia?

Pero regresando al relato evolutivo de la conciencia moral, ¿a qué nos referimos cuando hablamos de ella? Diversas acepciones se han ofrecido desde una perspectiva evolutiva, pero dos de ellas son especialmente interesantes.

Una posibilidad es que se trate de una voz interior estratégica que nos aconseja cómo alcanzar nuestros intereses de forma prudente, sin soliviantar al grupo que puede castigarnos por violar sus normas. Según esta versión, el ser humano es egoísta y para alcanzar sus objetivos tiene que calcular hasta dónde puede llegar persiguiendo sus intereses egoístas sin perder su reputación y sus bienes. La conciencia moral sería entonces, como dice Alexander, «la pequeña voz silenciosa que nos dice hasta dónde podemos llegar persiguiendo nuestros intereses sin correr riesgos intolerables».[22]

Sin embargo, también es posible entenderla de un modo menos estratégico, pero igualmente adaptativo, como la tendencia a identificarse con los valores de la propia comunidad, con las reglas del propio grupo, conectando emocionalmente con ellas, de modo que nos sentimos orgullosos cuando las cumplimos y avergonzados cuando no es así.[23] Esa identificación favorece la inserción en el grupo, sentirse y saberse aceptado en él, que es una de las necesidades básicas de los seres humanos, según la célebre pirámide de Abraham Maslow.

Desde esta perspectiva, la realidad neurobiológica de la conciencia consistiría en el dolor que experimentamos al ser rechazados, en el placer de pertenecer a un grupo y en la imitación de aquellos a los que admiramos.[24] Las distintas áreas del cerebro habrían evolucionado para darnos nuestra facultad moral, que consistiría en el sentido de lo correcto y lo incorrecto, la capacidad de enrojecer y la vergüenza, el sentido de la empatía, el conocimiento de que se nos puede castigar, la conciencia de nuestra reputación, la conciencia de que podemos aprovecharnos de tener buena reputación y también la conciencia del límite en el que hay que detenerse. La conciencia nos ayuda a tomar decisiones para mantener nuestra reputación social y para parecer personas valiosas, porque es la forma que tenemos de llegar a la autoestima, teniendo en cuenta que la autoestima es uno de los bienes a los que ninguna persona desearía renunciar.[25]

Pero ¿y si el infractor no fuera descubierto, con lo cual no habría lugar para la pérdida de reputación ni tampoco para la vergüenza?

Con esta pregunta regresamos a la leyenda del anillo de Giges. Siguiendo el discurso de Glaucón, el hombre que se hace invisible podría matar, robar o violar impunemente, porque el anillo anularía las condiciones de la debilidad que nos obligan a ser justos para sobrevivir. Girando el anillo, el hombre justo y el injusto obrarían igual, porque, gozando ambos de impunidad, ninguno tendría razones para ser justo. Lo justo se acepta —continuaba Glaucón—, no porque sea bueno, sino porque no se tiene el poder suficiente para cometer la injusticia. Aceptamos la justicia porque somos débiles, si no lo fuéramos, no tendríamos razones para ser justos. La respuesta de Sócrates «quien obra así no es el hombre justo» es sin duda emocionante, pero el relato que venimos haciendo de cómo nació la conciencia moral desde un punto de vista biológico parece restarle legitimidad porque, según ese relato, *la razón que tienen los hombres para atender a su conciencia depende de que su conducta sea visible.* Y en este punto es en el que cobra una enorme fuerza el peso de la reputación.

7. La fuerza de la reputación

En su artículo «Shrewd Investments», los matemáticos evolutivos Nowak y Sigmund cuentan la historia de un viejo académico que asistía a los funerales de sus colegas, porque «si no —pensaba—, no irán al mío».[26] Según aseguran los autores, esta anécdota revela un rasgo humano: hagamos lo que hagamos, esperamos algún tipo de retorno. La reciprocación es la base de la cooperación. El viejo profesor tenía razones para esperar que con el tiempo algunos de sus colegas asistirían a su funeral, porque confiaba en la reciprocidad indirecta, que consiste en esperar un retorno, pero no de los beneficiarios del acto altruista, sino de terceras partes. Es esta forma de actuar la que Richard Alexander considera como «la base de todos los sistemas de moralidad».[27]

Sin embargo, para llevar a cabo ese acto de altruismo es necesario que la expectativa de recibir ganancias exceda al coste,[28] cosa que puede asegurarse con cierta probabilidad en la relación directa entre altruista y beneficiario, pero con la reciprocidad indirecta este vínculo entre donante y receptor se rompe, y el camino indirecto para lograr el retorno puede ser fácilmente traicionado por los polizones y gorrones, es decir, por los que viajan en el tren de una sociedad contractualista sin pagar billete.

Es la reputación de una persona, una empresa, una organización, un profesional o un grupo político la que tiende un puente entre el acto de dar y el del esperado retorno, la que infunde confianza a quien cumple con su parte en el contrato implícito de que recibirá lo esperado. Que puede consistir en un beneficio personal, o bien en que el beneficiario dé a otros, manteniendo viva la cadena de intercambios. Éste es el juego de la economía del don de que hablaba Marcel Mauss, pero también el de cualquier economía contractualista: si la reciprocidad indirecta puede funcionar es gracias al mecanismo de la reputación y el estatus, extendido en las sociedades.

Desde esta perspectiva entenderán Nowak y Sigmund que el símbolo de la presión moral es el ojo siempre vigilante en el cielo con el que ha solido representarse a un Dios omnipresente, y que la conciencia puede actuar como una internalización de nuestro modo de estar con otros. Éste podría llegar a ser el sentido último de la filantropía en el caso de los individuos y en el de las empresas, porque las donaciones son usualmente conocidas. A pesar del mandato evangélico de guardarlas en secreto, de que la mano izquierda no sepa lo que hace la derecha, acaba sabiéndolo y ya se esfuerza el departamento de marketing en que lo sepa.

En los últimos tiempos se multiplican los estudios empíricos que tratan de mostrar cómo la conducta prosocial está ligada al afán de reputación.[29] Especialmente en los experimentos económicos queda patente que los individuos tienden a conducirse de una manera egoísta cuando el anonimato está garantizado, mientras que exhiben tendencias prosociales en situaciones de menor anonimato. Incluso cuando no hay observadores reales, sino fotos o dibujos.[30]

Llevaba, pues, razón Nietzsche al afirmar que, salvo casos excepcionales, que siempre los hay, a las personas de a pie, a las empresas, a los partidos políticos y a sus líderes, les importa bastante más la reputación que lo que ellos pueden pensar acerca de sí mismos. Tal vez porque, como Maquiavelo recordaba al príncipe que, a su juicio, debía conquistar el poder y salvar la república, «todos ven lo que pareces, pocos palpan lo que eres». El mundo de la apariencia es el que atrae las voluntades, el que persuade o disuade, mientras que el de lo que realmente alguien es queda en el misterio de la conciencia.

Ante todos estos datos, qué duda cabe de que es inteligente intentar labrarse una buena reputación. Los medios de comunicación sacan a la luz constantemente las valoraciones que la ciudadanía hace de los líderes de los partidos políticos, con el sobrentendido de que su reputación influirá en los votos que recibirá su partido; las empresas redactan memorias de Responsabilidad Social Corporativa como carta de presentación a potenciales clientes, a otras empresas y al poder político, también con el sobrentendido de que un buen currículum ético es un excelente aval para hacer negocio con organizaciones fiables.

Y si esto siempre ha sido así, más aún parece serlo en nuestro tiempo, en la Era de las Redes, cuando la visibilidad de las actuaciones aumenta de forma exponencial y la reputación se gana en votaciones de «me gusta» o no «me gusta», refiriéndose a hoteles, artículos de prensa, libros o agencias de viaje. De donde se sigue que crear buena reputación o destruirla no es difícil, siempre que se cuente con la inteligencia suficiente para movilizar las emociones de las gentes en una dirección, a poder ser con mensajes simples y esquemáticos que den en la diana de los sentimientos de la mayoría. Al parecer, nuestro tiempo es, todavía más que el de Maquiavelo, Nietzsche o Mounier, el de las reputaciones; saber movilizar las emociones es la clave del éxito.

8. Educar para la autonomía y la compasión

Ciertamente, estos estudios que abonan la idea de que la selección social, en forma de presión sobre la reputación, tiene una fuerza innegable en la conducta individual y en el proceso evolutivo arrojan conclusiones muy valiosas a la hora de orientar la acción, personal y compartida. Si es verdad que actuamos de forma más prosocial cuando nos sentimos observados por otras personas, sería conveniente ir lanzando mensajes claros de que nuestras sociedades rechazan las conductas aporófobas y apuestan por las actuaciones que empoderan a los pobres, publicitar que apreciamos las acciones que tienden a incluir en vez de excluir, que se ocupan de acoger y no rechazar a los que parecen no tener nada que devolver a cambio. Que en estas sociedades nuestras estamos de acuerdo con Adam Smith en que el menosprecio debe dirigirse al vicio y la estupidez, no a la pobreza. Es éste un consejo que, a mi juicio, no conviene desechar ni en el mundo educativo, ni en el empresarial ni en el político.

Pero, además, si éstas son las normas de una sociedad, sucede que los niños pueden ir incorporándolas por ósmosis, porque están expuestos muy pronto a un entorno cultural y social, incluso prenatalmente. El niño está impregnado por las reglas éticas de la comunidad, ligadas al sistema simbólico de representación del carácter de la comunidad, de tal modo que no existe la pura evolución biológica, sino que es biocultural.

Sin embargo, en el punto al que hemos llegado no parece haber quedado mucho de la conciencia moral, entendida al modo socrático como esa voz interior que recuerda internamente qué es lo justo e insta a actuar con justicia, sean cuales fueren las consecuencias externas para el sujeto. Las normas vigentes en una sociedad no son siempre las racionalmente válidas, y quienes optan por las que consideran justas, aún a costa de perder reputación y estima, quienes apuestan por violar el mandato biológico y social del conformismo ante normas injustas, no deberían quedar descalificados moralmente. ¿No queda en la conciencia moral un *punto de obligación incondicionada* que no se somete al juego de la reputación?

Como hemos visto, la conciencia puede funcionar desde el paradigma del egoísmo en estado puro y limitarse a calcular hasta dónde puede buscar su beneficio individual sin chocar con las normas sociales; también puede apostar por adaptarse a las normas de su sociedad de forma conformista para vivir cómodamente, pero estas dos formas de interpretar la conciencia son insuficientes, porque dejan sin explicar aspectos muy importantes de la vida humana.

En primer lugar, el hecho de que en ocasiones exista una contradicción entre los dictados de la conciencia y las reglas de la sociedad, una contradicción de la que son figuras señeras Sócrates y

Antígona, pero se multiplica a lo largo de la historia en los mártires, los objetores de conciencia, los desobedientes civiles y los resistentes. En ocasiones se oponen a las leyes de su sociedad por obedecer a la ley de Dios, en otras por seguir lo que consideran la ley de la humanidad y en otras, por atender a su ley individual desde una ética de la autenticidad. Puede decirse que quien objeta frente a las leyes de su sociedad lo hace teniendo *in mente* las de otra sociedad —real o ideal— que es para él la referencia adecuada, pero, en cualquier caso, la persona no se conforma con aceptar las leyes que le convendría acatar para sobrevivir en paz, sino que sacrifica su comodidad por normas que considera más humanas.

Pero, en segundo lugar, tampoco puede explicar esta interpretación evolucionista de la conciencia moral la emergencia de creadores morales, de innovadores morales, que han lanzado propuestas superadoras, e incluso contrarias, a las leyes sociales. Son capaces de romper con las normas de la moral cerrada y abrir creativamente propuestas innovadoras con capacidad de arrastrar.[31] Buda o Jesús de Nazaret, por poner dos ejemplos, serían innovadores en este sentido, como de algún modo reconocería el propio Darwin en el segundo caso con las siguientes palabras:

> Hacer el bien a cambio del mal, amar a nuestro enemigo, es una cima de moralidad a la cual es dudoso que los instintos sociales nos hubieran conducido nunca por sí mismos. Es necesario que dichos instintos, junto con la simpatía, se hubieran cultivado y extendido mucho mediante el uso de la razón, la instrucción y el amor o el temor de Dios, antes de que se hubiera pensado en esta regla de oro y se la hubiera obedecido.[32]

En tercer lugar, la moralidad suele vincularse con el tipo de costumbres y normas que exigen superar el egoísmo y llevan a preocuparse por los demás seres humanos o por la colectividad, como dijimos anteriormente. Sin embargo, conviene recordar que existe un tipo de deberes, llamados tradicionalmente «deberes para consigo mismo», que obligan al sujeto a respetarse también a sí mismo, y no sólo a preocuparse por los demás. La conciencia de estos deberes, que aparecen en los tratados tradicionales de mo ral, nace, según Darwin, con la civilización. Mientras que en las sociedades bárbaras los individuos no se preocupan de la imagen que tienen de sí mismos, en las sociedades civilizadas sí lo hacen.[33]

En este punto se produce una interesante coincidencia entre dos autores que parecen tan heterogéneos como Darwin y Kant, porque Kant consideraba que la conciencia de deberes para consigo mismo es clave en el mundo moral. En la Doctrina de la Virtud de *La Metafísica de las Costumbres*, Kant distingue entre los deberes que el hombre tiene hacia sí mismo y los que tiene hacia los demás, y empieza su análisis por los primeros, porque entiende que la clave de todo el edificio moral es la *autoobligación*, la capacidad de obligarse a sí mismo. El deber moral no consiste sólo en cumplir obligaciones con los demás, sino en primer lugar en cumplirlas consigo mismo, y en saberse obligado a cumplirlas con los demás desde esa autoobligación.[34]

Podríamos decir que ésta sería la característica de la obligación moral, que trasciende las exigencias de cualquier otra forma de coacción social: biológicamente podemos estar predispuestos a cumplir las normas del grupo para evitar el reproche, el castigo y la pérdida de reputación, y es lo que nos aconseja nuestra razón prudencial, pero este poderoso resorte pierde toda su fuerza con aquellos que pueden ponerse el anillo de Giges; mientras que un ser dotado de racionalidad moral es capaz de autoobligarse, y por eso existe un mundo moral específico que ordena incondicionadamente asumir reglas cuando se consideran justas y recusarlas cuando se consideran injustas, sean o no las del grupo.

Esa capacidad humana es la que lleva el nombre de «autonomía», o, dicho de otro modo, «libertad moral». El móvil para cumplir las leyes de la libertad no es empíricamente accesible, sino que es el respeto por la dignidad de seres que son en sí mismos valiosos por ser libres.

Ese componente de *obligación interna*, que no procede de la presión del grupo, ha sido explicado a lo largo de la historia por la presencia en la conciencia de una ley de la naturaleza, considerada metafísicamente de la ley de Dios, de la ley de la propia humanidad, del imperativo «llega a ser el que eres», en algunas de sus versiones. En todos los casos se trata de una fuerza interior, que no está ligada a la supervivencia, sino al deseo de vivir *bien*, de acuerdo con la propia conciencia. Es lo que los estoicos llamaron «vivir de acuerdo con la naturaleza», las filosofías de cuño religioso, «vivir según la ley de Dios», filosofías como la kantiana, «vivir de acuerdo con la ley de la propia razón», y las éticas de la autenticidad, vivir de acuerdo con el fondo insobornable de la persona.

Sin esa obligación interna, las personas quedan a merced de la presión social, a expensas del juego de la reputación, en manos de las normas del grupo, que no siempre son las que proponen la inclusión frente a la exclusión, la acogida frente al rechazo. Quedan a merced del cálculo egoísta o del acomodaticio, que sin duda es preciso tener en cuenta para sobrevivir y para prosperar, pero para vivir una vida plenamente humana resultan insuficientes. Educar para la autonomía, educar para forjarse una conciencia que se teje a través del diálogo y la argumentación y por eso mismo no se deja embaucar por la fuerza de la presión social en los casos en que esa presión es arbitraria sigue siendo indispensable para que no se extinga la vida moral.[35]

Es verdad que nos las arreglamos mal con nuestra mala reputación, entre otras razones porque tiene malas consecuencias para nuestra autoestima, que es un bien básico para llevar adelante una vida feliz, pero también porque tiene malas consecuencias para realizar nuestros deseos y nuestras aspiraciones, mientras que la buena o mala conciencia se queda en el fuero interno. Parece la conciencia una cosa demasiado olvidada, como decía el principito de Saint-Exupéry. Nuestro tiempo es el de las reputaciones, no el de las conciencias.

Y, sin embargo, la vida pública descansa, en muy buena medida, sobre el supuesto de que también nos las arreglamos mal con nuestra mala conciencia. Por poner un ejemplo bien patente, los cargos políticos prometen o juran cumplir sus obligaciones por su honor y por su conciencia delante de la Constitución; y es perfectamente lógico que en una sociedad pluralista quien no crea en Dios no tenga por qué ponerle por testigo ni jurar ante un libro sagrado. Pero igual de lógico es confiar en que crea en su conciencia y en que la valore hasta tal punto que no está dispuesto a traicionarla a ningún precio. Precisamente para evitar que la ciudadanía mintiera en los tribunales, Kant recomendaba en *La Metafísica de las Costumbres* mantener la fe en un Dios dispuesto a castigar a los perjuros, pero si en nuestro tiempo el garante último es la conciencia personal, cabe suponer que para nosotros es algo extremadamente apreciado.

Es evidente que la apelación a la conciencia no exime a una sociedad de elaborar leyes, a poder ser claras y precisas, referidas a la transparencia, la rendición de cuentas y la responsabilidad. Dar cuentas ante la ciudadanía es lo propio de una sociedad democrática, en la que se supone que debería gobernar el pueblo. Pero, siendo esto verdad, siempre queda abierta la pregunta: «¿quién controla al controlador?».

Naturalmente, los iluminados que no quieren aceptar para sus actuaciones más juez que su propia conciencia son un auténtico peligro, y todavía más lo son los grupos de fanáticos que asesinan sin compasión por una fe grupal, del tipo que sea. Por eso es esencial formar la conciencia personal a través del diálogo, nunca a través del monólogo, ni siquiera sólo a través del diálogo con el grupo cercano, sea familiar, étnico o nacional. Somos humanos y nada de lo humano nos puede resultar ajeno, el diálogo ha de tener en cuenta a cercanos y lejanos en el espacio y en el tiempo.

La capacidad de contratar no es la única forma que los seres humanos tienen de vincularse entre sí, no vivimos sólo del intercambio, del dar y el recibir. En la base de las relaciones humanas hay un vínculo no establecido voluntariamente, sino que ya existe previamente, y únicamente es posible intentar romper o reforzar. A fin de cuentas, cada persona lo es porque otras la reconocen como persona, el reconocimiento recíproco constituye un vínculo, una *ligatio*, en la que ya se encuentra. No existe el individuo aislado, sino las personas humanas en vínculo, en relación.

Por eso, el peor castigo que puede infligirse es la condena a la invisibilidad, a ignorar la existencia del otro, el rechazo y el desprecio. Es el reconocimiento recíproco el que nos constituye básicamente como seres humanos, el que hace que podamos llevar nuestra vida adelante desde el reconocimiento compasivo que pone los cimientos de una sociedad inclusiva.

Descubrir ese vínculo, esa *ligatio* de pertenencia mutua, hace surgir obligaciones, como las que nacen del respeto a la dignidad del otro, que es el amplio campo de la justicia. Pero todavía van más lejos, porque abren el mundo cálido de la gratuidad.

Capítulo 6

BIOMEJORA MORAL

1. EL PROBLEMA DE LA MOTIVACIÓN MORAL

El recurso para orientar la conciencia personal y social en un sentido u otro ha sido tradicionalmente la educación, sea cual fuere la forma que ha tomado en distintos contextos y lugares. Éste es también el camino que sugeríamos en capítulos anteriores para intentar superar esas patologías sociales que suelen reconocerse a través de palabras terminadas con el sufijo -fobia. En nuestro caso, especialmente la aporofobia. Se trataba de situar nuestras actuaciones a la altura de las declaraciones, superando esa debilidad moral, que es la de la conciencia personal y social. Naturalmente, un factor clave en este proceso de mejora o mejoramiento es la *motivación*.

Evidentemente, la motivación moral para obrar por normas universalistas que protegen a todas y cada una de las personas, y no sólo a las que proporcionan ventajas, es tan débil que resulta difícil en la vida cotidiana erradicar el rechazo a los grupos relegados en una sociedad porque no parecen tener mucho que ofrecer. La aporofobia late en ese desprecio a los peor situados y toma la forma de xenofobia, racismo, misoginia, homofobia o de aversión a creyentes de otras religiones o ideologías.

Pero también resulta difícil evitar patologías morales como la corrupción, la opción por el bien individual o grupal frente al común, la prevaricación o el cohecho, y no sólo en la política o la empresa, sino también en el resto de las organizaciones e instituciones. Comentaba un rector de una universidad española que para serlo es preciso atender a la vanidad de quinientos profesores poderosos, dispuestos a cambiar sus apoyos si no reciben a cambio privilegios y reconocimientos múltiples por parte de quienes gobiernan la universidad. Si las cosas funcionan de este modo, la injusticia es, obviamente, inevitable.

La educación parece ser el instrumento con el que contamos para motivar en un sentido distinto al del olvido de los menos afortunados, y conocer el funcionamiento del cerebro puede ayudar en esta tarea. Libros como el de M.ª José Codina, *Neuroeducación en virtudes cordiales*, caminan en esta dirección. Pero al parecer la educación ha resultado insuficiente por el momento, como comprobamos a diario. Y no sólo porque las leyes sean mejores o peores y los planes de estudios más o menos acertados, sino porque la sociedad, en la vida corriente, no educa en el respeto a la dignidad ni tampoco en la compasión.

Rara vez, por no decir nunca, reconocerán los padres de un niño acosador que está dañando a un compañero más débil. Rara vez, por no decir nunca, admitirán los padres que sus hijos suspenden asignaturas sencillamente porque no estudian. Y, a poco que tengan poder, se alzarán en pie de guerra contra el profesor correspondiente y estarán dispuestos a destrozarle la vida si hace falta con tal de que su hijo quede limpio de polvo y paja. Recurrirán a los demás profesores, a los medios de comunicación, a la consejera o al consejero del lugar, harán hervir sus móviles de wasaps conspiradores y tratarán por todos los medios de malograr la reputación del profesor o profesora que ha osado suspender a sus hijos por no estudiar. Y conseguirán muchas cosas, porque ellos tienen votos y relaciones y amistades y eso es un incentivo más poderoso para el poder político que la justicia y la honradez. Ante costumbres de este tipo cualquier ley es impotente, las leyes se manipulan a gusto de los consumidores poderosos. Los *áporoi* no tienen ninguna carta que jugar en este juego del poder. Por eso, en los últimos años, algunos autores han entendido que si la educación no ha tenido hasta ahora el éxito deseado para mejorar la moralidad de la población, habría que recurrir a métodos más expeditivos que el avance tecnológico pone en nuestras manos. Habría que recurrir a la biomejora moral.

2. EL NUEVO FRANKENSTEIN

En los últimos tiempos, los avances de las ciencias biomédicas hacen posible mejorar la biología humana con nuevos métodos.[1] Descubiertas habitualmente a raíz del estudio de casos patológicos, las tecnologías biomédicas se emplean de forma rutinaria para mantener o restaurar la salud, pero pueden usarse también para alterar las características de las personas tenidas por sanas o pueden utilizarse para mejorar a los individuos que se consideran normales.

Evidentemente, en cuanto surgen posibilidades de este tipo sale a la luz un buen número de problemas éticos, sobre todo dos: ¿son éticamente aceptables las intervenciones de mejora, o lo son sólo las terapéuticas? Y en el caso de que la respuesta fuera afirmativa, ¿es moralmente obligatorio mejorar las capacidades «normales», sean cognitivas, físicas, se refieran a la memoria o a la atención, si es que existe esa posibilidad?[2] A fin de cuentas, si aceptáramos el enfoque de Amartya Sen, mejorar las capacidades de los seres humanos sería una forma de empoderarles. Y si tomamos en serio la afirmación kantiana de que el ser humano es a la vez fin limitativo y fin positivo de nuestras acciones, mejorar sus capacidades sería una forma de tomar al hombre como fin positivo de las actuaciones científicas.

Preciso es reconocer que el asunto de la mejora se ha convertido en un tema estrella en el ámbito de la bioética, y especialmente de la neuroética, porque se trata de averiguar si determinadas intervenciones son aceptables, o incluso obligatorias; si es una obligación moral utilizar todos los medios a nuestro alcance, también las tecnologías biomédicas, para mejorar las capacidades humanas. Ésta sería la aspiración del Frankenstein contemporáneo.

Así pareció entenderlo William Safire, uno de los fundadores de la neuroética como un nuevo saber, cuando en el congreso fundacional que tuvo lugar en 2002 aseguraba que ésta había nacido en realidad dos siglos atrás, en 1816, en una villa de los alrededores de Ginebra, llamada Villa Diodati.[3] En ella se reunieron un conjunto de escritores, de la talla de Lord Byron, Percy Shelley, John Polidori y la que más tarde sería Mary Shelley, y, como el tiempo era tormentoso, decidieron entretenerse escribiendo cada uno un relato de terror, relacionado de algún modo con la perfectibilidad del hombre. De esta curiosa apuesta surgiría el *Vampiro*, de Polidori, pero el relato que alcanzó bien pronto fama fue el *Frankenstein*, de Mary Shelley. La neuroética, entonces, venía a entender Safire, habría nacido de un similar afán prometeico, el de mejorar las capacidades físicas y mentales de los seres humanos de forma que lográramos hombres más perfectos.

Pero ¿es esto verdad? ¿Pretenden las ciencias biomédicas convertirse de algún modo en el Frankenstein contemporáneo?

3. Transhumanistas y bioconservadores

El primer problema con que se enfrenta el nuevo proyecto de mejora es el de determinar qué se entiende por «mejora». Aunque el número de caracterizaciones es grande, podemos admitir en principio dos de ellas. Según Allen Buchanan, «una mejora biomédica es una intervención deliberada, aplicando la ciencia biomédica, que pretende mejorar una capacidad existente, que tienen de forma típica la mayor parte de los seres humanos normales, o todos ellos, o crear una capacidad nueva, actuando directamente en el cuerpo o en el cerebro».[4] Por su parte, Julian Savulescu caracteriza la mejora en el siguiente sentido: «X es una mejora para A si X hace más probable que A lleve una vida mejor en las circunstancias C, que son un conjunto de circunstancias naturales y sociales».[5]

Como es fácil observar, en el primer caso topamos con la dificultad de decidir cuál es la forma típica en que los seres humanos gozan de una capacidad, mientras que en el segundo caso adoptamos una posición utilitarista: no importa si la capacidad del individuo puede considerarse normal o no, lo que importa es que vivirá mejor si la potenciamos.

Un segundo problema consiste en decidir qué posición ética adoptar al respecto, si estamos dispuestos o no a aceptar las mejoras con medios biomédicos, o únicamente son admisibles las intervenciones terapéuticas, es decir, los tratamientos. Y en este punto es posible detectar al menos *dos posiciones*, que reciben diversos nombres. Es curioso que esos nombres resulten expresivos no sólo de las posiciones que se pretende describir con ellos, sino también de las posturas de aquellos que se los asignan.

En la Introducción al libro *Human Enhancement*, los editores, Savulescu y Bostrom, distinguen dos posturas enfrentadas en este debate: los *transhumanistas* y los *bioconservadores*.[6] Ellos mismos se reconocen como transhumanistas, hasta el punto de que Nick Bostrom fundó en 1998, junto con David Pearce, la World Transhumanist Association, con el propósito de proporcionar una base organizativa para todos los grupos transhumanistas. También son los responsables de la Declaración Transhumanista y del nacimiento de la revista *Journal of Transhumanism,* que más tarde cambió su nombre por el de *Journal of Evolution and Technology*.[7]

Para definir el transhumanismo resulta de gran utilidad recurrir a la caracterización de quien acuñó el término, el biólogo Julian Huxley, hermano de Aldous Huxley, quien fue el primer director general de la Unesco. En efecto, en *Religion without Revelation* (1927) escribe: «La especie humana puede, si lo desea, trascenderse a sí misma —no sólo de forma esporádica, un individuo aquí de un modo, otro allá de otro modo—, sino en su totalidad, como humanidad. Necesitamos un nombre para esta nueva creencia. Tal vez *transhumanismo* pueda servir: el hombre permaneciendo hombre, pero trascendiéndose a sí mismo, al actualizar nuevas posibilidades de y para su naturaleza humana».[8]

El transhumanismo se distanciaría de una posición como la de Nietzsche, que pretende el autotrascendimiento de algunos individuos con capacidad y voluntad de hacerlo, porque los transhumanistas se proponen como objetivo el autotrascendimiento de toda la humanidad, y, además, no sólo tratando de encarnar la fórmula «llega a ser el que eres» de Píndaro y Nietzsche, sino «llega a ser más de lo que eres».

En cualquier caso, los transhumanistas han tenido y están teniendo buen cuidado en distanciarse de anteriores proyectos de cuño totalitario de modificar a la especie humana, levantando la bandera progresista y ligando sus propuestas cada vez más al liberalismo cultural, a la democracia política y al igualitarismo. Es el caso, entre otros, de James Hughes, quien considera que la biopolítica está emergiendo como una nueva dimensión de la opinión política. En *Citizen Cyborg* (2004) propone un «transhumanismo democrático», que articula la biopolítica transhumanista con la política social democrática y económica y con la política liberal cultural. Entiende que conseguiremos el mejor futuro poshumano cuando aseguremos que las tecnologías son seguras, accesibles a todos y se respetan los derechos individuales en el control de los propios cuerpos. Los beneficios han de llegar a todos, y no sólo a una élite, y en esto el Estado debe intervenir.

En *el polo contrario* se situarían los *bioconservadores*, que se oponen a cualquier uso de las tecnologías para ampliar las capacidades humanas o para modificar aspectos de nuestra naturaleza biológica. Al parecer, la Tesis de los Bioconservadores diría así: «Aun cuando fuera técnicamente posible y legalmente permisible comprometerse en la mejora biomédica, no sería moralmente permisible hacerlo».[9] No es fácil determinar qué nombres componen la nómina de los bioconservadores, pero resulta bastante plausible introducir en ella a Leon Kass, presidente del Consejo de Bioética de Bush; Francis Fukuyama, que también formó parte de ese consejo y publicó su célebre libro *Our Posthuman Future*, y Michael Sandel, otro de los clásicos de esta posición sobre todo con su libro *Contra la perfección.*[10] Por su parte, bioeticistas, como George Annas, Lori Andrews y Rosario Isasi han propuesto una legislación para que sea un «crimen contra la humanidad» la modificación genética heredable en seres humanos.

Sin embargo, estas denominaciones (transhumanistas/bioconservadores) se transforman en manos de Allen Buchanan en otras menos significativas políticamente. Según Buchanan, no hay grupos de autores «promejora», porque en buena ley nadie puede estar a favor de cualquier mejora sin tener en cuenta de cuál se trata, en qué contextos y con qué consecuencias. Sí los hay «antimejora», y ésa es una de las críticas que se les hace: cómo es posible estar en contra de cualquier mejora. Y el grupo restante ya no sería algo tan aparatoso como transhumanista, sino sencillamente «anti-antimejora», porque creen que es preciso estudiar caso por caso en las determinadas situaciones.[11] En él se incluiría a Jonathan Glover, Savulescu, Agar, Brock, Bostrom, DeGrazia, Sanberg y Buchanan,[12] entre otros. Consideran que no existe una separación tajante entre los métodos de mejora tradicionales y los biomédicos, no hay una diferencia moralmente relevante entre el aprendizaje, que a fin de cuentas es una mejora fisiológica, y la intervención.

De forma muy sucinta, los argumentos de este debate serían los siguientes.

Quienes están en contra de la mejora se opondrían por considerar, en principio, que la búsqueda de mejora socava la virtud de la gratitud por lo dado. Sin embargo, sus oponentes replican acertadamente que no hay razón para privilegiar como sagrado lo que se considera el funcionamiento normal, no hay razón para dotarle de una normatividad moral. A fin de cuentas, es difícil distinguir lo no natural de lo natural, la función normal no es sino una generalización estadística que no tiene por qué pretender normatividad.

En segundo lugar, dicen los antimejora, parece que el afán de mejora lleva entrañado el interés por conseguir el total dominio de las condiciones de la existencia humana, el de alcanzar la perfección. Pero replican sus rivales que intentar mejorar no es buscar la perfección.

También los promejora —dicen sus oponentes— parecen pretender la inmortalidad con esas intervenciones. Pero la réplica es sencilla: no se busca la inmortalidad, sino una mejor calidad de vida.

Y la última acusación de los antimejora consistiría en afirmar que este meliorismo llevaría a una sociedad estratificada e insolidaria, que despreciaría a quienes padecen discapacidades y socavaría el compromiso con la justicia distributiva.[13]

Entre ambos grupos se situarían quienes consideran que las intervenciones no pueden practicarse en la línea germinal, como Habermas o Annas, porque pueden pasar a las futuras generaciones. Mientras que los anti-antimejora sí las aceptan, pero dándose cuenta de los peligros que entrañan y no creen que sea permisible en el presente.

La reflexión sobre el tema se extiende hoy a una gran cantidad de ámbitos, como es el caso del rendimiento deportivo, tan relacionado con cuestiones de dopaje, las relaciones amorosas, la mejora cognitiva, la mejora genética o la cuestión de los organismos modificados genéticamente, incluidos animales y plantas. Algunos músicos toman *beta-blockers* para calmar los nervios, muchos estudiantes ingieren metilfenidato (Ritalín) para rendir más en los exámenes (el Ritalín puede paliar disfunciones neurobiológicas), también el Modavigil y la cafeína son estimulantes cognitivos. Las tecnologías que están ya al alcance o lo estarán muy pronto y pueden transformar radicalmente al ser humano son la realidad virtual, el diagnóstico genético preimplantatorio, la ingeniería genética, los fármacos para mejorar la memoria, la concentración, el insomnio y el humor *(mood)*, las drogas que mejoran la *performance*, la cirugía cosmética, operaciones de cambio de sexo, prótesis, medicina antienvejecimiento. Todas estas posibilidades abren preguntas éticas, pero no es de ellas de las que nos vamos a ocupar aquí, sino de un tipo concreto de mejora: la mejora moral.

4. BIOMEJORA MORAL SIN DAÑO A TERCEROS

Algunos autores como Thomas Douglas se preguntan si es permisible la mejora moral, en principio como un instrumento para desmontar la posición de los bioconservadores. Éstos alegan que algunas formas de mejora podrían beneficiar a los sujetos en los que se practican, pero podrían perjudicar a terceros y, por lo tanto, no se podrían permitir. Se refieren sobre todo a lo que podríamos llamar «bienes posicionales»: si una persona gana en inteligencia, dejará en desventaja a los que no han sido mejorados y tendrá más oportunidades que ellos a la hora de competir por un puesto de trabajo; si aumenta la estatura de un individuo normal, tiene más posibilidades que los demás, que acabarán quedando por debajo de la línea de normalidad. Sin embargo —asegura Douglas—, hay un tipo de mejora que beneficia al sujeto y también a terceros, y es la mejora de los motivos para actuar. Con ello no se trata de conseguir mejores personas, sino que «una persona se mejora a sí misma si se altera a sí misma de tal modo que pueda esperarse razonablemente que, tomados en conjunto, tenga motivos futuros mejores moralmente que los que habría tenido de otro modo».[14] Una mejora de este tipo —piensa Douglas— no puede perjudicar a nadie.

Como ejemplo señala dos emociones que todas las teorías morales estarían de acuerdo en atenuar, considerando este debilitamiento como una mejora moral: la aversión a ciertos grupos raciales y el impulso a la agresión violenta. Cuando debilitamos emociones de este tipo, se producen mejoras morales.

La base biomédica de esta posibilidad radica en trabajos en genética conductual y neurociencia que han llevado a una comprensión creciente de las bases de la agresión. Modificar esas bases supondría una mejora moral permisible. De hecho, hay evidencia de la implicación de un polimorfismo en el gen A de la monoamino oxidasa (MAO) y, en el nivel neurofisiológico, de los trastornos en el sistema neurotransmisor de la serotonina. El racismo se ha estudiado menos, pero un conjunto de estudios de imagen de resonancia magnética funcional sugiere que la amígdala desempeña un papel importante. Dado el progreso en las neurociencias, parece posible practicar modificaciones. Es, pues, permisible que las personas intenten mejorarse moralmente a sí mismas.[15]

Evidentemente, una posición como la de Douglas resulta impecable en lo que se propone: desmontar el argumento de los autores antimejora, según el cual, no puede permitirse ninguna mejora que podría favorecer al sujeto, pero podrían perjudicar a otros. Las mejoras morales benefician al sujeto y también a los demás.

Ahora bien, para hablar positivamente de permisibilidad moral de la mejora sería también necesario tener en cuenta hasta qué punto es realmente posible llevarla a cabo, desde un punto de vista científico, con qué procedimientos y con qué consecuencias previsibles.

5. Un imperativo ético

Más interesante es la propuesta de Savulescu y Persson, según la cual intentar una mejora moral de la humanidad por medios biomédicos no sólo es moralmente lícito, sino que es también *un imperativo moral*. El hilo de la argumentación hasta llegar a esta conclusión sería el siguiente.

En algún momento, Savulescu afirma que investigar sobre las posibilidades de mejora moral es necesario porque la mejora cognitiva mediante fármacos, implantes e intervenciones biológicas, incluidas las genéticas, acelera el avance de la ciencia y, en ese caso, unos pocos individuos, dotados de una capacidad cognitiva superior al resto, pueden dañar a todos los demás, al tener más conocimientos que los que tenemos ahora.[16] La mejora cognitiva requiere una mejora moral para evitar un daño semejante.

Sin embargo, este argumento resulta muy endeble. Hace décadas que la posibilidad de que un grupo de personas pueda destruir la tierra haciendo uso del poder científico-técnico es una realidad. Pero el riesgo no vendría tanto de los científicos como de gentes con poder político o económico suficiente como para tener en sus manos ese tipo de instrumentos, tales como la energía atómica o las armas de destrucción masiva. Este peligro es una realidad. La posible mejora cognitiva puede incrementar un poder que ya existe, pero no supondría un riesgo nuevo.

Tal vez por esta razón, Savulescu y Persson recurren en otro lugar al hecho de que el poder científico y tecnológico de la humanidad ha crecido exponencialmente y tiene la posibilidad de destruir la Tierra.[17] Ésta es una advertencia que ya habían formulado claramente Karl-Otto Apel y Hans Jonas en los años sesenta y setenta del siglo pasado. ¿Cuál es la especificidad de la nueva lectura?

Según Apel, el problema consistía en que las consecuencias de la ciencia y la técnica eran universales, mientras que la ética se reducía a la microesfera y la mesoesfera, cuando necesitábamos una ética universal de la responsabilidad por las consecuencias de la ciencia y de la técnica. Pero justamente la idea que el cientificismo tiene de la ciencia como una actividad axiológicamente neutral hacía imposible fundamentar una ética universal.[18] Por su parte, Hans Jonas compartía esta preocupación ante el poder destructivo alcanzado por la ciencia y la técnica y proponía para hacerle frente su ética de la responsabilidad.[19]

Sin embargo, los autores a los que podríamos llamar «melioristas morales» no reclaman una ética universal, sino que detectan que las presiones de la evolución no han desarrollado una psicología moral que nos permita abordar los problemas morales que crea nuestro nuevo poder. Hay problemas como el del cambio climático o la guerra que necesitan una moral distinta, una preocupación por los lejanos, por las generaciones futuras e incluso por todos los seres vivos. Y, sin embargo, nuestra *motivación moral* sigue ligada a la preocupación por el pequeño grupo. El problema es, pues, la motivación moral de los individuos, no la dificultad de construir una ética universal. Y esta situación, a su juicio, tiene una historia a la que ya nos hemos referido en los capítulos anteriores.

La historia empieza con la aparición del *homo sapiens*. Desde entonces los seres humanos hemos vivido en grupos pequeños la mayor parte de ese tiempo. Gracias a la evolución nos adaptamos al entorno físico, psicológico y social a través de unas disposiciones morales, que consistían fundamentalmente en el ejercicio del altruismo y la capacidad de cooperar.[20] El paso a la agricultura requeriría cooperación, además de tecnología, y con tales niveles de confianza que pudieran dividirse las tareas y esperar durante meses sin recompensa. Lo que nos habría permitido trascender el egoísmo sería el grupalismo, como bien decía Darwin, porque ganarían los grupos más cohesionados, los que tienen capacidad de seguir normas sociales, compartir emociones, crear instituciones y obedecerlas, incluida la religión; una capacidad de la que sólo gozan los seres humanos. Como bien dice Tomasello, «nunca veréis a dos chimpancés llevando juntos un tronco»; la capacidad de cooperar es propia de la especie humana.[21]

De ahí que, según nuestros mejoristas morales, la moralidad consista principalmente en la disposición al altruismo, a simpatizar con otros seres, a querer que sus vidas vayan bien, pensando en ellos, y en un conjunto de disposiciones desde el que se origina el sentido de la justicia o la imparcialidad, basado en sus formas más simples en el «toma y daca».[22]

Evidentemente, con esta comprensión de la moralidad están exponiendo uno de los *tópoi* en los que coinciden los análisis de los biólogos evolutivos, los psicólogos evolutivos, los matemáticos experimentales y los neurocientíficos. Durante el periodo de formación del cerebro humano los hombres vivían en pequeños grupos que pudieron sobrevivir gracias al altruismo interno y la ayuda mutua; ésas fueron las disposiciones morales que quedaron grabadas evolutivamente para permitir la producción y la reproducción de la especie. Por eso, y a pesar de la insistencia de autores como Dawkins en la disposición al egoísmo como clave de la conducta, incluso a pesar de la idea de Hamilton del altruismo genético, parece que los grupos humanos que han sobrevivido son los que han aceptado un tipo de modelo contractual, un modelo de cooperación basado en la reciprocidad, sea fuerte o indirecta, o en el mutualismo.[23]

Según estas investigaciones, los seres humanos no estamos dotados sólo de una racionalidad maximizadora, ni siquiera en la actividad económica, sino que la figura del *homo oeconomicus*, maximizador de su ganancia, debe ser sustituida por la del «*homo reciprocans*», por un hombre capaz de dar y recibir, capaz de reciprocar, capaz de cooperar, y que además se mueve también por instintos y emociones, y no sólo por el cálculo de la máxima utilidad.[24]

Un ejemplo es el célebre juego del ultimátum, en el que los jugadores no tratan de maximizar su ganancia, sino de conseguir lo máximo posible, teniendo en cuenta que el respondente tiene un sentido de la justicia y no va a permitir humillaciones.[25] Curiosamente, quienes sí parecen tener una racionalidad maximizadora son los chimpancés, como han mostrado experimentos en los que juegan al ultimátum, adaptado para ellos, y resulta ser que los «proponentes» casi siempre hacen propuestas egoístas, y los «respondentes» casi siempre aceptan cualquier oferta que no sea nula, lo cual indica que no actúan de forma indiscriminada.[26] Son, pues, los chimpancés los que maximizan el beneficio sin atender a más consideraciones, mientras que las personas se percatan de que es más razonable presentar propuestas que pueden ser aceptadas por todos. Buscar el beneficio mutuo es más razonable que empeñarse en el máximo a cualquier precio.

Estas formas de altruismo requieren que quienes las practican estén ya equipados con las siguientes capacidades: cuantificar los costes de lo que se da y los beneficios que cabe esperar, recordar interacciones anteriores y calibrar si cabe confiar en obtener beneficios, reconocer la dependencia entre dar y recibir, calcular cuánto tardan en llegar los beneficios, estar dispuesto a aceptar el desfase entre el acto inicial de dar y el de recibir, detectar a los que violan las normas de la reciprocidad, descubrir la intención de quienes actúan, y la capacidad de castigar a quienes defraudan para impedir futuras infracciones.

Al comprobar que el juego de dar y recibir resulta beneficioso para el grupo y para los individuos que lo componen, este juego ha ido cristalizando en normas de reciprocidad que forman el esqueleto sobre el que se sustenta la encarnadura de una sociedad.

Pero el problema para lo que nos ocupa es que, al parecer, la especie humana ha permanecido esencialmente igual a nivel biológico y genético durante los últimos cuarenta mil años. Mientras tanto tenía lugar la mayor parte de un desarrollo cultural sin precedentes, gracias al desarrollo del lenguaje oral y escrito. Pero continuamos con la moral de los pequeños grupos, en que cooperamos internamente, pero no con los de fuera.

Sin embargo, desde hace ya tiempo el entorno social y físico ha cambiado. Vivimos en sociedades millonarias en seres humanos, y los límites de la humanidad alcanzan ya un mundo global, que de algún modo incluye a las generaciones futuras y a seres vivos no humanos. Pero la motivación moral de los individuos no se ha modificado. ¿No es posible que exista un desequilibrio entre las exigencias morales que presentan las instituciones democráticas, situadas en el nivel posconvencional en el desarrollo de la conciencia moral, y las motivaciones morales de los individuos, que siguen aferrándose a los códigos más primitivos de supervivencia?

En este sentido, Hume dirá expresamente que «En general puede afirmarse que en la mente de los hombres no existe una pasión tal como el amor a la humanidad, considerada simplemente en cuanto tal y con independencia de las cualidades de las personas, de los favores que nos hagan o de la relación que tengan con nosotros».[27] Y Kant, por su parte, entenderá que «La benevolencia, en el caso del amor universal a la humanidad, es, pues, ciertamente la mayor en cuanto a la *extensión*, pero la menor en cuanto al *grado*, y cuando digo: me intereso por el bien de este hombre, en virtud únicamente del amor universal a los hombres, el interés que me tomo en este caso es el menor posible. Simplemente, no soy indiferente con respecto a ese hombre».[28]

Una pléyade de autores intenta hoy en día organizar el sistema emocional de los ciudadanos para que puedan responder a las exigencias de una sociedad democrática, como fue el caso pionero de George E. Marcus en *The sentimental citizen: emotion in democra-*

tic politics y más tarde el de Sharon R. Krause en *Civil Passions. Moral sentiment and democratic deliberation*, donde intenta mostrar que la imparcialidad puede ser una emoción.[29]

Así las cosas, se hace necesario legislar para conseguir cambios efectivos, pero esto han de hacerlo los políticos y sucede que a los votantes no les interesan los problemas de los lejanos en el espacio y en el tiempo. ¿Qué hacer para cambiar la *motivación moral* de los ciudadanos, de forma que se preocupen también por los lejanos en espacio y tiempo?

En relación con la pregunta, aclarar qué se entiende por «moral» es fundamental, y la respuesta de Savulescu es la siguiente: la moral abre la posibilidad de ir construyendo una sociedad en la que los fines que son buenos para uno mismo (bienes prudenciales) puedan articularse con los bienes para todo el conjunto (bienes morales). «Es una idea familiar —dirá Savulescu— que lo que define la moralidad es armonizar los fines prudenciales de la gente, de modo que puedan encontrar satisfacción no excluyente.»[30]

En cualquier caso, mejorar esa motivación requiere educación moral, pero la biomedicina nos ha dotado de unos medios nuevos porque sabemos que nuestras *disposiciones morales* tienen una base biológica, que son las emociones, y que están estrechamente ligadas a la motivación. Las emociones pertenecen al equipaje más antiguo de nuestros cerebros y muchas de ellas están ligadas a actuaciones instintivas de supervivencia, aunque otras sean derivadas.[31] Lo cierto es que afectan a la motivación.

El método tradicional ha sido la educación, pero pese a tantos siglos de educación, sobre todo en los dos últimos milenios, no parece haber tenido demasiado éxito. Sin embargo, hay otra posibilidad complementaria: nuestro conocimiento de la genética y la neurobiología está empezando a permitirnos afectar directamente a las bases biológicas de la motivación moral, sea a través de fármacos, de implantes, de la selección genética, de la ingeniería genética, o utilizando instrumentos externos que afecten al cerebro o a los procesos de aprendizaje. Como tienen una base biológica, sí pueden afectarse estas bases mediante un tratamiento biomédico o genético.

Y resulta ser que para que el juego del «toma y daca» funcione bien es necesario que en él se movilicen adecuadamente un conjunto de emociones, como son la gratitud ante el favor recibido por altruismo y el deseo de devolver el favor, lo cual anima para hacer nuevos favores, el enfado cuando alguien daña a otro, el deseo de represalia, que disuade de futuras agresiones, el remordimiento y el sentido de culpa, la vergüenza, el orgullo, la admiración, el desprecio o la capacidad de perdonar. Según Savulescu y Persson, estas emociones son útiles cuando se extienden a la mayor parte de la población. Si conseguimos fortalecerlas, pero de una forma adecuada para que sean útiles, conseguiríamos *mejorar la motivación moral*.

Ante una constatación semejante, diversos autores avanzan distintas propuestas, cada una de las cuales es expresiva de su forma de entender lo moral. La de Savulescu se centra en *la motivación moral y en la necesidad de mejorarla para actuar moralmente*. La educación, la argumentación y el razonamiento son muy importantes, pero es imprescindible modificar también las emociones, que son las que están ligadas a la motivación. Nuestras *disposiciones morales* están basadas en nuestra biología y, por lo tanto, no son un producto cultural, como sí lo son la comprensión de una lengua o de las leyes.

Según los autores con los que venimos dialogando es un imperativo moral, pues, proseguir las investigaciones e intentar mejorar la motivación moral con medios biomédicos, complementando así la educación.

Puede objetarse que si no se ha conseguido gran cosa en miles de años de educación, la biomejora moral está en sus comienzos, con lo cual hemos llegado demasiado tarde. Pero estos autores consideran que hay que intentarlo igualmente, porque la ciencia y la tecnología ofrecen instrumentos que pueden ayudar en este sentido. Tal vez la biomejora moral también fracase, pero parece que ponerla sobre el tapete es importante.

6. ¿Es realmente un camino prometedor?

Ciertamente, las propuestas de mejora moral con medios biomédicos presentan virtualidades y límites que conviene considerar. Empezaremos por las *virtualidades*, que, a mi juicio, se sitúan sobre todo en el nivel del *diagnóstico*.

1) Es importante descubrir que nuestras disposiciones morales tienen también bases biológicas, cuyo sentido consiste en lograr la eficacia adaptativa de los individuos. Por una parte porque es posible influir en ellas, pero sobre todo porque si las personas reaccionamos instintivamente desinteresándonos de los lejanos e incluso rechazándolos, porque así lo «mandan» los códigos inscritos en el cerebro, lo que importa es preguntar si ésos son los códigos que queremos reforzar o, por el contrario, queremos orientar nuestras actuaciones en otra dirección.[32]

2) Esas bases biológicas están preparadas para responder a un entorno social y físico periclitado, la situación actual es muy distinta. Esta constatación es ya un *tópos* de la neuroética.

3) La *evolución de nuestras disposiciones biológicas*, que nos prepara para sobrevivir en unas situaciones determinadas, no coincide con el *progreso moral en el nivel cultural*. Como hemos mencionado, parece que la especie humana ha permanecido esencialmente igual a nivel biológico y genético durante los últimos cuarenta mil años, mientras se producía el desarrollo cultural, gracias sobre todo al desarrollo del lenguaje oral y escrito.

Aunque Habermas hable de una «teoría de la evolución social», adaptando el proceso ontogenético del que trata Kohlberg al filogenético, es en realidad una teoría del progreso en la conciencia moral social, entendida en relación con la formación de juicios acerca de la justicia. *Una cosa es la evolución biológica, otra, el progreso en la cultura y el juicio moral.* Por eso, el progreso queda en el ámbito del razonamiento y no cala en las motivaciones.

Tal vez este desajuste entre convicción racional, argumentada, y motivación enraizada en emociones acuñadas en el cerebro de forma milenaria esté en la base del «desconcierto moral» (*moral dumbfounding*) del que habla Jonathan Haidt, cuando asegura que las gentes formulan sus juicios morales de forma intuitiva, automática y emocional, y por eso cuando se les pregunta por las razones de su juicio a menudo son incapaces de encontrarlas.[33] Y tal vez estuviera en la base del *dictum* latino del que ya hemos hablado *video meliora proboque, deteriora sequor*, que recoge el desconcierto de Medea «pero me arrastra involuntariamente una nueva fuerza, y una cosa deseo, la mente de otra me persuade. Veo lo mejor y lo apruebo, pero sigo lo peor», y el de San Pablo: «No hago el bien que quiero, sino que obro el mal que no quiero».

4) La pregunta por las disposiciones que es preciso reforzar saca a la luz una cuestión de fondo: qué entendemos por «moral» y si la respuesta es preciso buscarla sólo en el mecanismo evolutivo. Si la moral consiste únicamente en el juego de la cooperación, entonces la mejora debe intentar reforzar el mecanismo evolutivo fomentándola.

Así lo reconocen una gran cantidad de autores, entre ellos, Haidt, quien entiende que la moral no busca maximizar la utilidad de forma individualista, sino que pretende maximizar el bien teniendo en cuenta nuestro ser en sociedad. Se trataría entonces de un utilitarismo durkheimiano, como él mismo aclara en el siguiente texto que ya citamos anteriormente: «Los sistemas morales son conjuntos engranados de valores, virtudes, normas, prácticas, identidades, instituciones, tecnologías y mecanismos psicológicos evolucionados, que trabajan conjuntamente para suprimir o regular el autointerés y hacer sociedades lo más cooperativas posible».[34] Solo los grupos capaces de crear compromiso pueden suprimir a los polizones y crecer.

Si entendemos así la moralidad, las modificaciones biomédicas la refuerzan, como en el caso de la oxitocina. «La oxitocina —dirá Haidt— liga a la gente selectivamente a sus grupos, no a la humanidad. Las neuronas espejo ayudan a empatizar con otros, pero particularmente con los que comparten la misma matriz moral. Sería hermoso que los seres humanos estuviéramos diseñados para amar a todos incondicionalmente. Hermoso, pero improbable desde una perspectiva evolutiva. El amor parroquial, disparado por la competición con otros grupos y ampliado por la semejanza, un sentido compartido y la supresión de los polizones puede ser lo máximo que podamos conseguir. La moralidad une y ciega.»[35]

A mi juicio, sin embargo, como hemos ido defendiendo en este libro y señalaremos de nuevo más adelante, el progreso moral alcanzado por la conciencia social en nuestro tiempo no exige sólo favorecer la cooperación en el seno de cada grupo, haciendo posible la selección de grupos, sino que se entiende por «disposiciones morales» las que llevan a tener en cuenta a cada uno de los seres humanos, sin exclusiones grupales. Y es en esa dirección en la que habría que cultivar las emociones mediante virtudes cordiales.[36]

5) Lo que los melioristas morales señalan con acierto es que la educación es un buen medio, pero no ha tenido demasiado éxito, a pesar de la gran labor llevada a cabo durante siglos, con personalidades históricas como Buda, Confucio, Sócrates, Jesús de Nazaret, amén de los millones de padres y maestros que se han empeñado en ello. Ahora bien, la oferta de complementarla con medios biomédicos resulta discutible.

6) Es verdad que hay hallazgos importantes. La oxitocina promueve la confianza, los inhibidores selectivos de la recaptación de serotonina (ISRS) incrementan la cooperación y reducen la agresión, y el Ritalín reduce la agresión violenta. Además, el desorden de la personalidad antisocial puede tener una base biológica, y se ha relacionado la criminalidad con una mutación de la enzima monoamino oxidasa (MAO) en el cromosoma X, en especial cuando se combina con privación social.[37] Pero ¿realmente es éste el camino para mejorar la motivación moral?

A mi juicio, la propuesta de biomejora moral presenta serios *límites* que importa superar y serían en esencia los siguientes.

En primer lugar, las investigaciones se encuentran todavía en los comienzos y sería muy difícil indicar cómo realizarlas y con qué consecuencias a medio y largo plazo. Sería preciso ir paso a paso, analizando caso por caso, valorando los medios que se emplean como elemento clave y la eficacia que puede tener cada medida. No es lo mismo intentar una modificación genética que propiciar una inhalación de oxitocina.

De ahí que los propios defensores de la biomejora moral en realidad afirmen que es un imperativo moral proseguir las investigaciones en este ámbito, no practicar ya la biomejora. Lo cual es perfectamente aceptable, porque es sin duda un deber moral investigar en cualquier dirección que permita empoderar a los seres humanos, siempre que no les dañe. Pero sería un deber de obligación imperfecta, que entraría en competencia con el deber de llevar a cabo otras investigaciones concurrentes, y en cada caso financiadores e investigadores deberían decidir cuál de ellas podría ser más fecunda para la humanidad.

Por tanto, proseguir la investigación sobre las bases biológicas de la moral, pensando en una posible mejora, sería un deber moral de obligación imperfecta.

En segundo lugar, cualquier intervención de mejora de las disposiciones morales, en el momento en que fuera posible practicarla, debería venir precedida por la obtención del consentimiento cuidadosamente informado de la persona a la que se somete a la intervención. Éste es un requisito indispensable que cobró presencia histórica con el Código de Núremberg, en 1947, elaborado después de la segunda guerra mundial y referido a la experimentación con humanos, cuyo punto 1.º dice expresamente «Es absolutamente esencial el consentimiento voluntario del sujeto humano», y quedó consagrado en el Informe Belmont. En cualquier caso, la exigencia de consentimiento refleja lo que Habermas ha llamado la «autocomprensión ética de la especie», que radica en la autonomía.

Una objeción a la que deberían responder los defensores de la biomejora moral en este caso es que la persona que deseara someterse a una intervención para mejorar sus disposiciones morales estaría ya motivada moralmente. Lo que desearía es conciliar sus afectos con este interés, pero se percataría de las dificultades con las que se encuentra a la hora de intentar ajustar su conducta a sus convicciones razonadas. En realidad, no habría mucha diferencia entre aceptar inhalar oxitocina para tener reacciones más confiadas o ingerir litio para tratar el trastorno bipolar, aunque en el segundo caso se hablara de tratamiento y en el primero, de mejora.

Pero justamente lo que pretenden lograr los melioristas morales es que se refuercen las motivaciones de quienes no están interesados en actuar moralmente. Ante esta pretensión sólo caben tres salidas: o bien el Estado ofrece incentivos a quienes deseen oficiar de cobayas, o bien elabora un plan de mejora moral para toda la población, o bien el Ministerio de Educación de cada país elabora un protocolo para tratar de mejorar la motivación moral de los niños.

En el primer caso tendríamos una nueva versión de *La naranja mecánica*, que muestra bien a las claras el riesgo de despersonalización que corre quien se somete a estas modificaciones de conducta o de motivación por incentivos externos. En el segundo caso planea de nuevo el peligro de la eugenesia autoritaria, por mucho que los melioristas morales insistan en que es preciso legislar atendiendo a exigencias democráticas. Justamente, el hecho de que se plantee la necesidad de mejora moral sobre la base de que abordar los riesgos a los que se enfrentan el planeta y las generaciones futuras exige contar con personas con una *motivación moral* situada en el nivel posconvencional en el desarrollo de la conciencia moral, hace temer que se esté reclamando, aun sin quererlo, una planificación estatal.

Conviene recordar que a comienzos de este siglo hizo su aparición lo que dio en llamarse «eugenesia liberal» para diferenciarla de la «eugenesia autoritaria» practicada en el siglo anterior en diferentes países.

La eugenesia liberal se distinguiría de la autoritaria por los siguientes rasgos: neutralidad del Estado, frente a un Estado que diseña e impone las leyes eugenésicas; extiende las libertades procreativas, en vez de privar de ellas; el consejero genético es un experto que apoya a los padres, no es un agente del Estado; se pretende una mejora individual, no una pureza racial de la especie; se busca la eficiencia económica, no es una ideología política la que la respalda; son los padres quienes deciden, como sucede en el caso de la educación, no el Estado.[38]

La respuesta suele consistir en estos casos recurrir a la tercera salida. Se trataría de complementar el proceso educativo, lo cual requeriría un plan en las escuelas, organizado por el Estado. Pero un proyecto semejante sigue pareciéndose en exceso al de modificar las bases de la conducta de una persona sin su consentimiento. Si ya en los casos de personas violentas es un problema ético decidir si es posible intervenir en su cuerpo para reducir las disposiciones violentas, contar con un apartado de biomejora en la Ley de Educación para aplicarlo a los niños resucita la idea de un estatismo inadmisible. Cosa que ya se ha hecho sin necesidad de hablar de mejora moral, y que despierta en exceso el recuerdo de distopías como *Un mundo feliz*, de Aldous Huxley.

En cualquier caso, las modificaciones de los móviles cooperativos no parecen dar con el móvil moral. Atender a lejanos y cercanos por motivos morales exige cultivar la capacidad de apreciar lo que es valioso por sí mismo, y no sólo por el beneficio en convivencia que puede reportar. Es lo que Kant llamaba el sentimiento de respeto ante lo que vale en sí mismo y no para otras cosas. Tratar de convertir en experiencia vital ese sentimiento sería la clave. Pero no creo que haya medio biomédico que lo logre.

Sería algo similar a lo que el norteamericano Arthur Caplan aseguraba que haría, entusiasmado con la posibilidad de mejora: «Si tuviera la posibilidad de insertarme un chip en el cerebro con el que pudiera ya hablar francés, sin tener que pasar por academias, cursos, audición de cintas y todo ese calvario que implica el aprendizaje de un idioma, no lo dudaría ni un segundo». ¿Podría hacerse algo análogo en relación con la moral?

Ciertamente, proyectos como éste pertenecen todavía a la tecnociencia ficción, pero las ficciones pueden convertirse en realidad a medio y largo plazo, y es necesario que la ciudadanía pueda conocerlas y debatir sobre ellas. En este debate, una cuestión sería clave: ¿no hay ningún otro camino más que las intervenciones biológicas para conseguir una humanidad convencida de los mejores valores de palabra y obra? ¿O más bien sucede que no existe el chip moral, no hay fármaco ni implante que sustituya a la paciente formación voluntaria del carácter de las personas, de las instituciones y de los pueblos?

La clave parece seguir siendo la de formar la conciencia personal y social, a través de la educación formal e informal y de la construcción de las instituciones adecuadas. De ello hablaremos en el próximo capítulo. Pero sin olvidar que la experiencia compartida del sufrimiento y la alegría, la compasión vivida, sigue siendo la mejor escuela.

Por decirlo con un autor al que injustamente se ha acusado de olvidar los sentimientos:

> Aunque no es en sí mismo un deber sufrir (y, por tanto, alegrarse) con otros, sí lo es, sin embargo, participar activamente en su destino. [...] Así pues, es un deber no eludir los lugares donde se encuentran los pobres a quienes les falta lo necesario, sino buscarlos; no huir de las salas de los enfermos o de las cárceles para deudores, para evitar esa dolorosa simpatía irreprimible: porque este es sin duda uno de los impulsos que la naturaleza ha puesto en nosotros para hacer aquello que la representación del deber por sí sola no lograría.[39]

Capítulo 7

ERRADICAR LA POBREZA, REDUCIR LA DESIGUALDAD

De la corrupción de nuestros sentimientos morales, que es ocasionada por la disposición a admirar a los ricos y los grandes, y a despreciar o ignorar a los pobres y de baja condición.[1]

1. El pobre en la Sociedad del Intercambio

A lo largo de este libro hemos insistido en que los pobres son los que parecen no poder ofrecer nada a cambio en sociedades basadas en el juego del intercambio, en el juego de la reciprocidad que consiste en dar con tal de poder recibir, bien de la persona a quien se da, bien de alguna otra que está autorizada para devolverlo de algún modo. Ésta es la clave de nuestras sociedades contractualistas, que son muy superiores sin duda a las que se rigen por el egoísmo asilvestrado, pero excluyen a los pobres porque están sometidas al Principio del Intercambio y también a ese Principio Mateo, según el cual, «a quien más tiene más se le dará, y a quien tiene poco hasta lo poco que tiene se le quitará».

En el mundo del intercambio, los pobres provocan un sentimiento de rechazo porque sólo plantean problemas a quienes en realidad lo que desean es ayuda para prosperar, suscitan desprecio cuando se les contempla desde una posición de superioridad, miedo cuando generan inseguridad y, en el mejor de los casos, impaciencia por librarse de ellos, impaciencia del corazón. Con toda razón, el informe del Observatorio Hatento acompaña los datos de su estudio con ilustraciones de calles aparentemente vacías, señalando con un interrogante los lugares en que hay mendigos sin hogar. Ésos son, no los invisibles, sino los invisibilizados.

Como esa actitud de rechazo ha sido incorporada al cerebro evolutivamente, superarla, si es eso lo que se desea, exige apostar por la
compasión en su forma productiva, recordando a Stefan Zweig. La
compasión no es sólo el juego del toma y daca, sino sobre todo el reconocimiento de que el otro es un igual, con el que existe un vínculo
que precede a cualquier pacto. Sin embargo, si es verdad, como parece serlo, que nuestro cerebro es aporófobo, que nacemos con esa tendencia a ignorar a quienes no nos ofrecen beneficios, o eso creemos,
el cambio debe producirse a lo largo de la vida de cada persona, no se
heredan las modificaciones en los cerebros de los predecesores.

Para producir ese cambio en la dirección de ideales igualitarios
es necesario contar con la educación en la familia, en la escuela, a
través de los medios de comunicación y en el conjunto de la vida
pública. Pero también construir el tipo de instituciones y organizaciones que caminen en esa dirección, porque no sólo serán justas,
que es lo que les corresponde, sino que ayudarán a configurar ca-
racteres justos. Las instituciones y las organizaciones llevan a cabo
tareas más o menos acertadas, pero a la vez educan con su sola existencia y actuación, influyen en la conformación del cerebro y del
carácter personal y social.

Se trata entonces de crear instituciones políticas, educativas y
culturales, como las que intentan potenciar una neurodemocracia
frente a los delitos y discursos del odio a los pobres, a los mal situados en cada caso. Pero no basta con la política, la educación y la
cultura, porque el peso de las instituciones económicas y de la vida
económica en su conjunto es extraordinario, tiene una decisiva influencia en la conformación del modo de pensar y de actuar. No es
extraño que Adam Smith, profesor de Filosofía Moral durante tre-
ce años en la Universidad de Glasgow y autor de *Una investigación
sobre la naturaleza y causas de la riqueza de las naciones* (1776), su
gran obra económica, publicara en 1759 *La teoría de los sentimientos morales*. En ella dedica un apartado a reflexionar sobre la corrupción de los sentimientos morales que procede de la tendencia a
admirar a los ricos y despreciar a los pobres, apartado que lleva por
título el que figura al comienzo de este capítulo.

Esa tendencia, a la que hemos dado en este libro el nombre de
«aporofobia», persiste en nuestro tiempo, evidentemente, y coinci-

de al menos en parte con la queja de Smith de que «la riqueza y la grandeza suelen ser contempladas con el respeto y la admiración que sólo se deben a la sabiduría y la virtud; y que el menosprecio, que con propiedad debe dirigirse al vicio y la estupidez, es a menudo muy injustamente vertido sobre la pobreza y la flaqueza».[2] Que esta tendencia debe reconducirse en el sentido del respeto a la igual dignidad de las personas es la protesta de cuantos hoy consideran —consideramos— que es lo justo, pero para lograrlo es indispensable construir instituciones y organizaciones ligadas a la economía que caminen en este sentido. Recordando desde el comienzo que la economía es sin duda la ciencia que trata de superar la escasez, pero también, y muy especialmente, *la ciencia que intenta eliminar la pobreza*. Pero, llegados a este punto, se plantea la pregunta: ¿eliminar la pobreza es un deber de justicia o una obligación de beneficencia?

2. ¿Es un deber de justicia erradicar la pobreza económica?

El compromiso de trabajar para eliminar la pobreza puede ser, y ha sido en la mayor parte de la historia humana, una opción que asumen determinadas personas, grupos, asociaciones o instituciones voluntarias. Pero también, sin renunciar a las ayudas voluntarias, puede entenderse como un deber de justicia que corresponde cumplir a los poderes políticos, léase el Estado, las uniones supranacionales, como la Unión Europea, las Naciones Unidas, e incluso a una Gobernanza Global, como la que se viene gestando desde distintos ámbitos; y, en estrecha colaboración con el poder político, al poder económico, es decir, a las empresas e instituciones económicas y financieras, que son responsables de crear riqueza material y también inmaterial. Para aclarar si se trata de una cuestión de justicia o de beneficencia es necesario llevar a cabo al menos otras cuatro tareas.

1) Precisar quiénes son los pobres desde un punto de vista económico.
2) Averiguar si la pobreza es evitable o si, por el contrario, la humanidad debe acostumbrarse a ella y únicamente reducirla, como ocurre con las enfermedades.

3) Aclarar si es un derecho de las personas que la sociedad las sitúe en condiciones de salida equitativas, o no es ésta una cuestión de derechos, sino de cálculo de utilidades. Es decir, si poner en marcha medidas antipobreza es una cuestión de promoción o de protección. Si es un deber de justicia que consiste en empoderar a quienes se encuentran en situación de pobreza involuntaria para que puedan salir de ella, porque es intrínsecamente un mal; o si es una opción inteligente para defender a los pobres frente a choques letales de la fortuna y para proteger a la sociedad frente a las externalidades negativas de la pobreza.

4) Poner en claro si lo que importa es eliminar la pobreza, o también reducir las desigualdades económicas. Es éste uno de los grandes temas de nuestro tiempo.

En lo que sigue abordaremos estas cuestiones.

3. La pobreza es falta de libertad

Determinar quiénes son los pobres desde un punto de vista económico no es tarea fácil, pero es necesario encontrar parámetros que permitan hacerlo para averiguar en qué medida progresa la lucha contra la pobreza.

En principio se han propuesto medidas cuantitativas como las que establecen una «línea de la pobreza», de modo que quien esté situado por debajo de ella puede considerarse pobre. El investigador o el político seleccionan un conjunto de bienes que consideran mínimos, se evalúa su precio y se calcula qué personas no llegan a esa cantidad, y ésos son los pobres. Otra forma de cuantificar la pobreza consiste en calcular la renta media de una región (ingresos medios, consumo medio), dividir la cantidad por dos, calcular cuántas personas no llegan a esa mitad de la cantidad, y considerarlas pobres, estadísticamente hablando. Obviamente, estas medidas van cambiando con el tiempo y es preciso revisarlas con regularidad.[3] En estrecha conexión con estas evaluaciones métricas pueden establecerse distintas gradaciones de la pobreza. El Banco Mundial considera pobreza extrema contar con menos de 1,25 dólares al día en precios de 2005, y pobreza moderada, contar con menos de dos dólares al día.

Esta búsqueda de parámetros ha supuesto sin duda un avance, pero tiene también sus sombras, y de ahí que la «métrica monetaria» para evaluar los grados de pobreza haya recibido una buena cantidad de críticas. En principio no se puede satisfacer las necesidades básicas con los mismos bienes en los distintos contextos, porque no es igual guarecerse en el Polo que en un país tropical, ni el dinero tiene el mismo valor en las sociedades desarrolladas que en aquellas en que predomina la economía informal. Tener en cuenta los contextos es indispensable para fijar cualquier línea de pobreza, de ahí que se haya hablado de una «economía clínica» y de una «economía hermenéutica».[4] Por otra parte, la métrica monetaria acaba recurriendo a las mercancías que son necesarias para satisfacer necesidades básicas, llegando a una especie de fetichismo de las mercancías, cuando lo importante es comprobar si con las mercancías se está paliando la pobreza. Y, en tercer lugar, esta métrica no tiene en cuenta las comparaciones interpersonales, sino que atiende sólo a los grandes números.[5]

De ahí que sean más adecuados los índices complejos que, además de la renta o el consumo, tienen en cuenta otras variables, como el analfabetismo, la esperanza de vida, la mortalidad infantil, la vivienda, la alimentación o el ambiente.

En este orden cualitativo de medidas, economistas como Jeffrey Sachs distinguen entre *tres grados* de pobreza: 1) *Extrema o absoluta*, cuando las familias no pueden satisfacer las necesidades básicas para la supervivencia y sin ayuda exterior son incapaces de salir de la pobreza. Sólo se da en países en desarrollo. 2) *Moderada*, cuando las necesidades básicas están cubiertas, pero de modo precario. 3) *Relativa*, cuando el nivel de ingresos familiares sitúa a la familia por debajo de una proporción de la renta nacional media.[6]

Por su parte, Amartya Sen propuso una caracterización de la pobreza que es sumamente acertada: la pobreza es, a fin de cuentas, falta de libertad.[7]

Evidentemente, la pobreza extrema consiste en la carencia de los medios necesarios para la supervivencia,[8] y en estos casos extremos «lo primero es lo primero». Siguiendo la bien acreditada tradición de la Teoría de las Necesidades, lo primero es atender a las necesidades básicas, liberarse de la necesidad.[9] Pero, si no es ese el caso, y yendo a la raíz de un concepto más amplio de pobreza, ésta supone para quien la padece falta de libertad, imposibilidad de llevar adelante los planes de vida que tiene razones para valorar, carencia de las capacidades básicas necesarias para tomar las riendas de su vida. Lo cual tiene para quien la sufre consecuencias tan indeseables como no poder ser agente de su vida, sino sólo un sujeto paciente de la lotería natural o social que le toque en suerte, y no poder perseguir la felicidad por el camino que desearía elegir.

Es indudable que la pobreza introduce una discriminación negativa entre las personas en capacidades tan básicas como la de organizar la propia vida y perseguir la felicidad, porque sólo una parte de la humanidad cuenta con los medios para ello. Y entonces surge la pregunta que planteábamos anteriormente: ¿es una obligación de justicia para las sociedades proporcionar a sus miembros las oportunidades necesarias para que puedan ser agentes de sus vidas, seres autónomos y no heterónomos, capaces de proponerse proyectos de vida feliz y de intentar llevarlos a cabo? Una cuestión que únicamente tiene sentido plantear si realmente en el siglo xxi la pobreza es evitable.

4. La pobreza es evitable

> Los pobres [...] son como las sombras en un cuadro: proporcionan el contraste necesario.
>
> PHILIPPE HECQUET, 1740

> Nuestro sueño es un mundo sin pobreza.
>
> Lema del Banco Mundial desde 1990.[10]

Aunque en algunas constituciones se proclame el derecho a la felicidad, en realidad ese derecho no existe y la declaración es un brindis al sol. El entorno social es importante para alcanzar la felicidad, pero existen otras dos variables al menos que no dependen de la sociedad: las decisiones personales y la fortuna. En este sentido, la tarea de la ética griega consistió en intentar desentrañar qué virtudes debe desarrollar una persona para hacer elecciones acertadas y tomar decisiones inteligentes en la búsqueda de la vida buena, es decir, para forjarse un buen carácter; pero recordando a la vez que estamos en manos de la fortuna. La felicidad se consigue a través de la forja del carácter, que sí que está en nuestras manos, y del don, que el ser humano no puede gestionar. La fortuna es *lo que le sucede* a una persona, a diferencia de *lo que hace.* Somos un híbrido de autonomía y vulnerabilidad.[11]

En este orden de cosas, fue una constante en el mundo de la ética griega entender que una vida buena no depende de la riqueza, ni la virtud consiste en poseerla. Naturalmente, unos ciertos bienes materiales son necesarios, según Aristóteles, para poder dedicarse a la vida contemplativa, pero la felicidad no consiste en poseer riquezas. Por su parte, las escuelas morales posaristotélicas, es decir, los epicúreos, los estoicos y los cínicos, coincidirán en señalar que el auténtico bien es la autarquía, la capacidad de ser dueño de sí mismo, de donde se sigue que es irracional poner el corazón en las riquezas. Según los estoicos, el sabio no lamenta la pobreza, porque no está en sus manos ser pobre o rico, y la sabiduría consiste en buscar la felicidad en lo que sí depende de nosotros.

Y no sólo eso, sino que autores como Séneca llegan a defender en sus escritos que la pobreza puede ser un bien, porque para consagrarse al espíritu las riquezas son un obstáculo. Éste es el mensaje que le transmitirá a Lucilio en su carta sobre el bien de la pobreza, aconsejándole que no espere a superarla para empezar a dedicarse a la filosofía. Precisamente, la pobreza es deseable porque se contenta con satisfacer necesidades apremiantes y permite consagrar la vida al trabajo del espíritu.

Tomando la reflexión de Epicuro de que «para muchos, haber afanado riquezas no fue término, sino cambio de miserias», Séneca entiende que para dedicarse a la filosofía «es menester que seas pobre o semejante a pobre», desde la frugalidad, que es «pobreza voluntaria». Y acaba considerando que la sabiduría sustituye a las riquezas, porque las da a aquel para quien son inútiles.[12] En la Carta sobre las *Ventajas de la pobreza* aconseja de nuevo a Lucilio liberarse del temor a la pobreza, porque el pobre no tiene los temores y las preocupaciones del rico y en su situación «El alma crece de sí misma, se alimenta a sí misma. Todo lo que puede hacerte bueno está contigo».[13]

Evidentemente, las reflexiones de Séneca sobre la frugalidad son bien sugerentes para los movimientos sociales que promueven otra forma de vida y de consumo como ariete frente a un capitalismo asilvestrado que acaba haciendo del consumo el motor de la producción.[14] Por otra parte, son muy coherentes con la visión estoica de la vida, aunque parece que el mismo Séneca no optó por la pobreza, a pesar de recomendársela a Lucilio. Pero, en cualquier caso, tanto en su propuesta como en la de los cínicos que instaban a desprenderse de las riquezas para conquistar la autarquía, se trata de opciones voluntarias, no involuntarias.

Y, ciertamente, el mundo antiguo en su conjunto, tanto en Oriente como en Occidente, entendió que la pobreza involuntaria es uno de los obstáculos para ser agente de la propia vida, que es un mal para quien la sufre. *Pero un mal inevitable*. Estaba extendida la convicción de que siempre habrá pobres, y además de que la pobreza no es un mal causado por la injusticia social que es obligatorio remediar. Lejos estaba la idea de que la pobreza involuntaria tiene causas sociales y de que es un derecho del pobre tener la oportunidad de llevar adelante una vida buena y un deber de la sociedad procurársela. Esta idea no surgirá hasta finales del siglo XVIII, cuando se produce lo que Ravallion llama «la Primera Ilustración sobre la Pobreza». Una de las ideas clave de esa Ilustración es que la pobreza es evitable.

En efecto, hasta hace un par de siglos la situación general de la humanidad era de pobreza. La generación de riqueza indefinida es un fenómeno reciente, que se produce gracias a la combinación de factores como las nuevas tecnologías industriales, la energía del carbón, las fuerzas del mercado, la movilidad social, la urbanización, el cambio en la estructura familiar y la división del trabajo. A todo ello acompañan acontecimientos políticos que crean un contexto de movilidad y progreso,[15] como serían la aparición del parlamentarismo en Gran Bretaña y el surgimiento de las Teorías del

Contrato Social, que desde Hobbes entienden la sociedad como construida desde la voluntad de los ciudadanos. Estas teorías secularizan la noción de derechos naturales y ponen su protección en manos del Estado, la naciente comunidad política en ese tiempo.

Gracias a todo ello y a fenómenos posteriores, en los últimos ciento ochenta años la actividad económica total del planeta se ha multiplicado por cuarenta y nueve, con lo cual hay recursos suficientes para erradicar el hambre. Posiciones como la de Malthus, temerosa de la relación entre crecimiento de la población y de los medios para satisfacer sus necesidades, no ocultan el hecho de que un progreso indefinido pueda crear riqueza de forma indefinida, no ocultan el hecho de que llevaba razón Condorcet en la disputa.

La pobreza voluntaria es evitable. Como muestra claramente, entre otros, Martin Ravallion, presidente de la Sociedad para el Estudio de la Desigualdad Económica, en su excelente libro *The Economics of Poverty*, el pensamiento sobre la pobreza ha ido cambiando radicalmente desde los primeros autores que hablaron sobre ella hasta nuestros días, y pone como ejemplos algunas citas sobradamente expresivas, como las dos que encabezan este apartado.[16]

En efecto, en su libro Ravallion considera que hay dos escalones clave en la transición del pensamiento sobre la pobreza, que podemos llamar Primera y Segunda Ilustración sobre la Pobreza, cada uno de los cuales se extiende unos veinte años.[17] La Primera Ilustración se produce a fines del siglo XVIII y en ella emerge el respeto por los pobres como una cuestión social, y no sólo personal o grupal: la economía ha de producir bienestar, incluyendo a los pobres. Es la visión, muy especialmente, de Adam Smith. Pero también es la época en que se pone el fundamento para que cambie la concepción sobre la pobreza al afirmar que toda persona tiene dignidad, y no un simple precio, que vale por sí misma y no se la debe instrumentalizar. La formulación kantiana del Imperativo del Fin en Sí mismo sería la mejor expresión de este fundamento del derecho de los pobres a ser empoderados y de que el Estado debe actuar. Esto es lo que se sigue de la célebre formulación, que dice así: «Obra de tal manera que trates a la humanidad, tanto en tu persona como en la persona de cualquier otro, siempre al mismo tiempo como un fin y nunca solamente como un medio».[18]

Pero es en la Segunda Ilustración cuando la pobreza no se ve como inevitable, sino que debe eliminarse, y cuando eliminarla se convierte en deber del Estado. Esta Segunda Ilustración se produce en los años sesenta y setenta del siglo xx, cuando se extiende la convicción de que la pobreza es una coacción, posiblemente la más importante, a la libertad y a la autosatisfacción de las personas. Existe un consenso en la convicción de que la pobreza es inaceptable, aunque continúen los debates sobre cómo eliminarla.

En este sentido fue una buena noticia que las Naciones Unidas, al elaborar los célebres Objetivos de Desarrollo del Milenio, que se proclamaron en 2000 con el propósito de que quedaran cumplidos en 2015, propusieran como primera meta erradicar la pobreza extrema y el hambre. Sin duda, alcanzar los siete restantes objetivos era también urgente, pero la pobreza extrema y el hambre imposibilitan alcanzar cualquier otra meta, y por eso lo primero es lo primero.

Como también fue una excelente noticia que de nuevo en 2015 las Naciones Unidas propusieran unos Objetivos del Desarrollo Sostenible, que deberían cumplirse en 2030, encabezados en este caso por la meta «Fin de la pobreza», sin más, e implican en la tarea al mundo económico, empresarial y político. No sólo reducción de la pobreza extrema, sino fin de la pobreza, a secas.

5. No sólo proteger a la sociedad, sino sobre todo empoderar a las personas

Las políticas antipobreza pueden tomarse como medidas de protección de las personas o de las sociedades, o como medidas de promoción de las personas.[19] Como medidas de protección de las personas, permiten satisfacer las necesidades más básicas y, por lo tanto, están justificadas cuando se toman coyunturalmente para evitar la pérdida de vidas. Pero si esas necesidades urgentes están cubiertas, las medidas antipobreza pueden llevar a caer en la cronificación de la pobreza y en lo que se ha llamado «la trampa de la pobreza», porque las personas ganan lo suficiente para sobrevivir, pero no para salir de la pobreza. Una gran cantidad de políticas populistas lleva a las gentes a caer en esa trampa, con lo cual no progresan y además pasan a depender totalmente de sus presuntos benefactores, les votan incondicionalmente porque su supervivencia depende de ellos. Todo lo contrario de lo que debería ser una ciudadanía autónoma. Por eso, una buena política antipobreza es la que intenta promocionar a las personas para que puedan salir de ella.

Pero también se puede entender la protección como referida a la sociedad, y ésta es la opción que se ha tomado con mayor frecuencia históricamente.

En el mundo antiguo se tomaban en ocasiones medidas antipobreza para proteger al conjunto de la sociedad frente a los costes externos de la pobreza, que serían fundamentalmente los conflictos sociales, la inseguridad ciudadana o la delincuencia. Por ejemplo, en el año 500 a. J.C., Confucio considera la pobreza como una de las «seis calamidades» que el Gobierno ha de tratar de evitar, porque pone en peligro el orden social, y también Kautilya en su *Arthashsastra* (300 a. J.C.) aconseja a los reyes políticas sociales de protección para hacer posible la estabilidad del régimen. Para ello se hacía necesario mantener la jerarquía y la desigualdad.[20]

El mismo Aristóteles considera que existe entre los hombres un orden jerárquico natural, de modo que el esclavo debe subordinarse al amo y la mujer al varón, porque el primero está dotado de razón y lo mejor para unos y otros es que sea el superior quien gobierne. En lo que respecta a los pobres, constituyen una clase social que ocupa un lugar en la vida política, los vincula con la mayoría y con la democracia, y considera que no deberían gobernar porque están degradados y difícilmente se dejarán regir por la razón; de ahí que sea preferible el gobierno de la clase media.[21] Aunque también es cierto que reconoce que entre el esclavo y el amo hay una cierta igualdad, que no existe con el animal.[22]

Pero es en el temprano siglo XVI cuando nacen con más vigor las políticas de protección de los pobres y sobre todo de protección de la sociedad. En Bretaña y en Europa aumenta prodigiosamente el número de pobres, mendigos, pícaros, de mujeres que se dedican a la prostitución, de hechiceras y brujas. El problema del pauperismo se vive como una amenaza para el orden social. Y es en este contexto en el que se publica el primer tratado sobre la pobreza, concretamente en 1526. La ciudad de Brujas pide a un humanista célebre, el valenciano Juan Luis Vives, que lo escriba, y nace así el texto del *De subventione pauperum*, de la mano del más célebre de los estudiantes de la Universidad de Valencia.

El *Tratado del socorro de los pobres* tiene por objeto, en principio, averiguar el número y los tipos de pobres para contar con datos adecuados y proponer medidas para aliviar a los pobres, intentando introducir racionalidad. Ciertamente, son ante todo medidas dirigidas a proteger a la sociedad de los ladrones, las enfermedades contagiosas, las hechiceras y los truhanes, de suerte que «estas cosas no las deve tener en poco el que govierna el pueblo, assí por dar remedio a las tales enfermedades como por excusar que no se derramen por muchos. En verdad no es sabio governador ni zeloso del bien común el que permite andar tan gran parte de la çiudad, como son los pobres, no solamente inútiles, pero aun dañosos, a sí y a los otros».[23]

Sin embargo, el tratado no se contenta con analizar la situación de los pobres y proponer medidas para evitar que sus males se extiendan al conjunto de la sociedad, sino que también reconoce expresamente que «es cosa vergonçosa para nosotros los christianos, a quien ninguna cosa tanto se nos encarga como la caridad, y sola ella creo que se nos encarga, consentir que entre nosotros aya a cada passo tantos pobres y mendigantes. A donde quiera que vuelvas los ojos verás mil pobrezas y mil neccessidades, mil manos forçadas a pedir de pobreza».[24]

Con esta doble raíz de protección y promoción, lo bien cierto es que Luis Vives dio un gran paso en la lucha contra la pobreza al defender que no debía dejarse en manos de las instituciones caritativas y de la limosna individual, sino que debían asumirla los poderes públicos, en este caso los municipios, y tomar como base el estudio de la situación. Como bien dice Muñoz Machado, las propuestas de Vives «se separaron de las formas tradicionales de la práctica de la caridad, orientándolas hacia la municipalización y la burocratización de la asistencia social».[25] Estaba germinando esa Primera Ilustración sobre la Pobreza, e incluso lo que siglos más tarde sería el Estado del Bienestar.

En cuanto a las *Old Poor Laws* en el siglo XVI inglés son medidas encaminadas más a la protección que a la promoción, no permiten distribuir la riqueza ni que los pobres salgan de la trampa de la pobreza, pero van desplazando la limosna privada hacia la protección social. Será en la Segunda Ilustración, en los años sesenta y setenta del siglo xx cuando las medidas antipobreza (subir los salarios, sistemas de educación, mercados financieros que funcionen razonablemente bien) no se tomen sólo para *proteger* el régimen político y la estabilidad de la sociedad, sino para *promocionar* a las personas pobres para que puedan salir de la pobreza.[26]

6. ¿Limosna o justicia?

La constatación de que la pobreza es evitable porque existen los medios adecuados para erradicarla todavía no convierte en un deber intentar eliminarla. Comprobar que algo se puede hacer no implica reconocer que se debe hacer, sino que para pasar del poder al deber es preciso contar con la conciencia personal o social de que debe hacerse, porque la persona que sufre la situación de pobreza tiene derecho a salir de ella y la sociedad está obligada a empoderarla para que pueda hacerlo. Afortunadamente, la conciencia social de que acabar con la pobreza es un deber para la humanidad se extiende a escala mundial y aumenta el activismo internacional.[27] Pero esta extensa conciencia es también reciente.

En realidad, fueron las religiones monoteístas —judaísmo, cristianismo, islam— las que plantearon en primer término que la pobreza es un problema y que contribuir a eliminarla compartiendo los propios bienes es un compromiso aparejado a la fe.[28]

En el Antiguo Testamento, la condena de Yahvé a quienes desatienden al pobre, al huérfano y a la viuda, a los *áporoi*, es constante e implacable. El mensaje para el pueblo es insistente: «Misericordia quiero, y no sacrificios». Junto a la adoración a Yahvé, el cuidado de los *áporoi* es la *ortopraxis*, la práctica auténtica, y son los profetas quienes cumplen la misión de recordarlo con riesgo de sus vidas. No es extraño que Habermas apele a la herencia judía del idealismo alemán como una de las raíces de la Teoría Crítica, al decir que «el idealismo alemán de los judíos produjo el fermento de una utopía crítica», ni que Michael Walzer incorpore el camino profético como una de las posibilidades de la hermenéutica.[29]

Por su parte, el Nuevo Testamento abre las puertas del Reino a quienes dieron de comer al hambriento, de beber al sediento y posada al peregrino. Y en un mundo en el que hay pobres y ricos, apuesta por los primeros, que serán dichosos. No es fácil interpretar los textos de las Bienaventuranzas, de la Carta del Reino, pero lo que sí es cierto es que la atención a los más pequeños es la esencia del cristianismo.[30]

¿Se puede llamar a todo esto «caridad», en el sentido de «limosna»? Por supuesto que no, se puede y debe denominar con toda propiedad «justicia». Lo que ocurre es que se plantea como exigencia personal y grupal, y no como obligación de la comunidad política. En este sentido serían pioneras en el mundo medieval la multitud de revueltas de movimientos cristianos reclamando la atención a los pobres y la purificación de la Iglesia, como es el caso emblemático de Thomas Müntzer, que mencionaron Marx, Engels o Bloch.

Pero en el mundo antiguo medieval y renacentista, el discurso de los derechos personales y de las obligaciones de las comunidades políticas hacia los ciudadanos no había cobrado todavía carta de naturaleza. En el texto de Luis Vives sobre el socorro de los pobres se empieza a exigir a los poderes públicos que intervengan para evitar la propagación de la miseria y porque no es propio de cristianos descuidar a los pobres, pero no lo plantea como un derecho de los pobres a salir de la pobreza y como un deber de la comunidad política a satisfacer ese derecho.

Ésa es justamente la peculiaridad del mundo moderno, que ha sido caracterizado muy adecuadamente como «la Era del Individuo»: frente al mundo antiguo y medieval, la clave del mundo moderno es el individuo con sus derechos.[31] Es el afán de ver protegidos esos derechos el que le lleva a sellar hipotéticamente un contrato por el que nace el Estado, en el que los ciudadanos están dispuestos a cumplir sus deberes con tal de que el Estado proteja sus derechos. Éste es el Estado de Derecho nacido en los siglos XVII y XVIII.

7. El derecho a una vida en libertad

El reconocimiento de que las personas tienen derecho a que la sociedad las ayude a salir de la pobreza tiene una historia, como hemos visto. En el siglo xviii se afirma que todo ser humano tiene dignidad, y no un precio, pero hasta el siglo xx no se extraen socialmente las consecuencias de reconocer la dignidad en términos de derechos. En el siglo xix, la «cuestión social» se refiere a la explotación que se produce en las fábricas, en el mundo productivo industrial, pero no a la necesidad de acabar con la miseria y el hambre humanas. Es la Declaración Universal de Derechos Humanos de 1948 la que lleva aparejada la obligación de proteger el derecho a la vida de cada uno de los seres humanos, un derecho al que corresponde el deber de protegerlo desde diversas instancias nacionales, supranacionales e internacionales.[32]

La Declaración de 1948, redactada en términos de derechos subjetivos, de derechos de las personas, sigue la tradición del deontologismo que nació con Kant en el siglo xviii, frente a cualquier intento de someter a cálculo los derechos. Frente a la tradición utilitarista que, en último término, admite con Bentham que no hay ningún derecho que no pueda ser abolido si no redunda en el bienestar general, el deontologismo defiende que los derechos de las personas tienen prioridad frente a la utilidad colectiva. Eso es lo que se deriva de la afirmación de su dignidad. En esa tradición kantiana, John Rawls establecerá una decisiva distinción entre deontologismo y teleologismo a la hora de esbozar una teoría de la justicia, que se concreta en lo siguiente.

El diseño de una teoría de la justicia descansa en dos valores fundamentales: la idea de lo justo y la idea de lo bueno. A la hora de diseñar esa teoría es posible tomar una u otra como punto de partida. Si partimos de lo que es bueno para los ciudadanos (el placer, la utilidad), lo justo consistirá en maximizar ese bien, y esto es lo que hacen tradicionalmente la ética utilitarista desde Bentham y la economía del bienestar. Bentham entiende que los derechos humanos son «disparates con zancos» y que no hay ningún derecho que no pueda abolirse, si la abolición redunda en el bienestar general, con lo cual la maximización de la utilidad arroja el diseño más justo. Esta propuesta es sin duda crítica y transformadora frente a posturas inmovilistas, pero adolece de grandes deficiencias como propuesta de justicia, porque inevitablemente puede atropellar derechos personales.

El deontologismo, por su parte, entiende que el punto de partida del diseño de una teoría de la justicia son los derechos de los ciudadanos y que es dentro del marco de esos derechos donde cada persona tiene que desarrollar su proyecto de vida buena y feliz. Es en este sentido en el que se afirma que lo justo tiene primacía sobre lo bueno.

Siguiendo esa línea, y dándole la figura de un contrato social por el que los ciudadanos intentan decidir cuáles serán sus principios de justicia, Rawls sacará a la luz unas ideas básicas: la sociedad está obligada a garantizar a sus ciudadanos unos mínimos materiales, la protección de unos derechos y libertades incuestionables, las bases sociales de la autoestima, la igualdad de oportunidades y una organización social que será justa cuando ninguna otra pueda proteger mejor el derecho de los menos aventajados. Estos bienes, que reciben el nombre de bienes primarios, son los que querría tener cualquier persona para llevar adelante cualquier plan de vida que quiera proponerse. Y una sociedad será justa si la distribución de cargas y beneficios en ella es tal que ninguna otra resulta más beneficiosa para los menos aventajados.

En una línea semejante a la deontologista se situará Sen, quien en un conocido artículo se preguntaba «Igualdad, ¿en qué? Igualdad, ¿por qué?». Desde los años setenta del siglo pasado, algunos autores han ido respondiendo a esa pregunta, aunque no específicamente en el ámbito económico, y coinciden en entender que la igual consideración y respeto que merecen todos los seres humanos exige realizar una *igualdad social*, sea en unos bienes primarios básicos (Rawls), en la satisfacción de las necesidades básicas (Streeten, Galtung, Gasper), en ciertos recursos (Dworkin), en la protección de los derechos humanos (Pogge) o en el empoderamiento de las capacidades básicas (Sen, Nussbaum, Crocker, Comim, Pereira).

En todos estos casos se entiende que erradicar la pobreza y reducir desigualdades es una meta ineludible del mundo económico para los siglos xx y xxi, en los que nos ha cabido en suerte vivir.

8. Reducir la desigualdad. Propuestas para el siglo XXI

En esta época que se reconoce como Era de la Información y las Comunicaciones, del Acceso, del Desarrollo Sostenible, o Era Digital, la economía se enfrenta a nuevos desafíos, como los siguientes.

El fenómeno de una globalización que es asimétrica, no sólo porque beneficia de modo diferente a los distintos estratos sociales, generando desigualdad, hambre y exclusión, sino porque existe una asimetría entre la globalización económica realmente existente, dirigida por el neoliberalismo que reaccionó frente al Estado del Bienestar, y la ausencia de una ética y una política igualmente globalizadas, que permitan poner los bienes de la globalización al servicio de las personas.

La financiarización de la economía, en detrimento de la «economía real», que aumenta el nivel de incertidumbre y desvirtúa la tarea propia tanto de la actividad empresarial como de la financiera.[33]

La configuración de un nuevo orden geopolítico, ya no bipolar, sino multipolar, en el que cobran fuerza económica y política los países emergentes, con avances y retrocesos.[34]

Las crisis de refugiados políticos e inmigrantes pobres, tan antiguas como la humanidad, que han cobrado proporciones inusitadas y ponen radicalmente a prueba nuestro sentido de la justicia.

El desafío de las nuevas tecnologías, el progreso en la digitalización, y el reto de dar cuerpo a un desarrollo sostenible, cuidando del medio ambiente y de las personas.[35]

La persistencia de la pobreza y las desigualdades en un mundo que cuenta con recursos suficientes para erradicar la primera y eliminar las desigualdades injustas.

Ante estos retos, y en la línea de lo que venimos diciendo, cabe bosquejar para este nuevo siglo propuestas como las siguientes para la vida económica.

En primer lugar, *reducir las desigualdades* como una forma de erradicar la pobreza y de lograr el crecimiento.

Como hemos comentado, la pobreza es evitable y el deber de eliminarla no tiene su fundamento en la amenaza que puede suponer un mundo de pobres para el bienestar de los bien situados, no es sólo una medida de protección frente a las externalidades negativas de la pobreza para la vida común. Se dice que la pobreza tiene un gran impacto económico y político, porque las personas que no trabajan no producen y los ciudadanos que se encuentran en la miseria no participan, y que hay, pues, una relación virtuosa entre la reducción de la pobreza y la mejora de la distribución, por una parte, y el crecimiento económico.[36] Pero la cuestión no es sólo de estrategia y de prudencia, sino de justicia: el derecho a una vida sin pobreza es un derecho de las personas al que corresponde el deber de las sociedades de procurarles los medios para satisfacerlo. Esto es lo que se sigue del reconocimiento de que los seres humanos tienen dignidad, y no un simple precio. Es verdad que proteger este derecho tiene también repercusiones positivas para la paz social, y eso es una excelente noticia, pero ayudar a salir de la trampa de la pobreza corresponde al derecho de las personas a vivir una vida en libertad.

Sin embargo, para empoderar a los pobres es necesario, entre otras cosas, superar factores externos como los mercados incompletos, los gobiernos incorrectos o el acceso no equitativo a los *inputs* productivos o financieros. En este sentido se ha dicho con acierto que uno de los grandes retos, si no el mayor, consiste en *reducir las desigualdades*, porque son indeseables por sí mismas y por la pobreza que generan. Como apunta Alfonso Novales, si la desigualdad aumenta, la riqueza elude a los pobres y la elevada desigualdad hace difícil incluso alcanzar el crecimiento. De ahí que, según los setecientos expertos mundiales que participaron en la elaboración del informe *Global Risks 2014* en el Foro Económico Mundial de Davos, la desigualdad de ingresos sea la cuestión que puede tener mayor impacto en la economía mundial en la próxima década. Más que el cambio climático, el alto desempleo, las crisis fiscales y los riesgos geopolíticos.[37]

La investigación sobre las causas de las desigualdades es uno de los temas centrales y más debatidos en trabajos como los de Piketty, quien entiende que como los muy ricos tienen la mayor parte de la riqueza, los altos retornos impulsan mayor desigualdad. [38] Lo cual es injusto por sí mismo, pero también por sus nefastas consecuencias: los ciudadanos pierden la fe en un sistema que los trata injustamente, un alto nivel de desigualdad frena el crecimiento económico a través de diversos canales, y las instituciones políticas y económicas desvían rentas a favor de los grupos de poder.[39]

Justamente, el desvío de rentas a favor de los grupos de poder es un efecto de lo que se ha llamado «economía clientelar», que es un obstáculo para lograr la igualdad de oportunidades. En principio es asimétrica por naturaleza, da oportunidades a unas empresas y no a otras, pero a la vez genera pobreza porque los recursos públicos se emplean de forma ineficiente. De donde se sigue que este tipo de prácticas corruptas frene el crecimiento. La corrupción no es entonces sólo una práctica inmoral por sí misma, sino que tiene consecuencias letales para la igualdad de oportunidades de la ciudadanía y para el crecimiento. Con lo cual se muestra que, tanto desde el punto de vista teórico como del empírico, es falsa esa dicotomía de la que se habla habitualmente entre las políticas económicas que promueven el crecimiento y las que promueven la igualdad.[40]

Incluso, desde la perspectiva de algunos autores, las políticas dirigidas a mejorar la igualdad de oportunidades pueden ser más eficaces para reducir la pobreza que las que tratan de estimular el crecimiento económico.[41] Por tanto, la desigualdad es relevante por motivos de equidad y justicia social, y también por la indudable relación que existe entre los niveles de desigualdad económica y el crecimiento económico.[42]

Reducir las desigualdades es, pues, uno de los objetivos centrales para este nuevo siglo. Las desigualdades entre los países, mediante la ayuda al desarrollo, organizada en forma de codesarrollo para evitar imponer a los países en desarrollo formas de vida que no desean y un cúmulo de mercancías innecesarias que no ayudan a potenciar las capacidades, sino a tranquilizar las conciencias de los países donantes. Impulsar las medidas de desarrollo contando con los afectados por ellas es la única forma de actuar con eficacia y justicia.[43] Pero sin olvidar que la mejor ayuda consiste en no gravar con aranceles las mercancías de los países peor situados para proteger el propio mercado, una práctica que corre un riesgo de muerte con el actual presidente de Estados Unidos y con muchos otros mandatarios.

En el interior de cada país urge eliminar la economía clientelar y evitar las prácticas de corrupción tomando medidas de transparencia eficaces y efectivas; apostar por la economía real reduciendo el papel de la financiera; afinar el sistema fiscal proporcional como un instrumento básico; reforzar las políticas sociales que introdujo el Estado del Bienestar y otras que ya funcionan en algunos países, como es la de una renta básica de ciudadanía, que procure la libertad real para todos.[44] La igualdad de oportunidades requiere igualdad de acceso a la educación y la salud, al crédito para desarrollar proyectos empresariales o financiar la acumulación de capital humano, igualdad de trato a todos los ciudadanos por parte de la Administración.[45]

Crear instituciones que eliminen la pobreza y reduzcan las desigualdades es la mejor forma en que la economía podrá contribuir a erradicar la aporofobia.

En segundo lugar, y en el mismo sentido, se trata de unir el poder de la economía a los ideales universales en un mundo globalizado.

Aquella economía ligada al *oikós*, a la casa, en el siglo IV a. J.C. (Aristóteles), que pasó a preocuparse en el mundo moderno por la riqueza y la pobreza de las naciones (Smith), se inserta en un universo global, que ella misma ha ayudado a construir. El proceso de globalización ha sido posible por el progreso en las tecnologías de la información y por la expansión de la economía, muy especialmente por la potenciación y movilidad de los mercados financieros.

En un mundo parcialmente inédito, lo inteligente y justo es aprovechar los nuevos recursos para dar cuerpo a los valores a los que aspira nuestra civilización, los valores de una ética cívica, que forman ya parte de la entraña de cualquier actividad social, también de la actividad económica, y deben traducirse en buenas prácticas. Afortunadamente, esos valores son compartidos por la ética cívica de las sociedades moralmente pluralistas y se va convirtiendo en transnacional.

En este sentido es preciso aceptar ofertas como la del Pacto Mundial de Naciones Unidas, que propuso en 1999, en el Foro Económico de Davos, el entonces Secretario General de Naciones Unidas, Kofi Annan, con las siguientes palabras:

«Elijamos unir el poder de los mercados con la autoridad de los ideales universales. Elijamos reconciliar las fuerzas creadoras de la empresa privada con las necesidades de los menos aventajados y con las exigencias de las generaciones futuras.»

En este camino se sitúan los Objetivos de Desarrollo del Milenio y los Objetivos de Desarrollo Sostenible, que invitan a las empresas a convertirse en ciudadanos locales y globales.[46]

Pero también importa asumir los Principios Orientadores de John Ruggie «proteger, respetar, remediar», que proponen la acción conjunta de Gobiernos y empresas en la tarea de defender los derechos humanos. Los Gobiernos deben proteger los derechos humanos, pero las empresas están obligadas a respetarlos y remediar las intervenciones injustas. E incluso, yendo aún más lejos, deberían hacer lo posible por ayudar a cambiar legislaciones deficientes, valiéndose de su influencia y convirtiéndose en agentes de justicia.[47]

Una tercera propuesta es la de asumir la Responsabilidad Social Empresarial (RSE), no como una cuestión cosmética, sino de prudencia y justicia.

Algunos autores consideran que asumir la responsabilidad social en el caso de las empresas es una conducta propia de un «egoísmo ilustrado», pero esto es un craso error. Se trata, por el contrario, de ejercitar la bien acreditada virtud de la prudencia, porque el prudente —como decía Aristóteles— es el que discurre con acierto sobre lo que le conviene para vivir bien, y, *mutatis mutandis*, podríamos decir con Kant que hasta un pueblo de demonios, sin sensibilidad moral, preferiría la cooperación al conflicto, con tal de que tengan inteligencia.

Por otra parte, el término «*stakeholders*», que suele traducirse como «grupos de interés», o bien como «aquellos que han apostado por la empresa», debería referirse a los «afectados por la actividad de la empresa que tienen con respecto a ella expectativas legítimas».[48] Aunque en el lenguaje corriente hablemos de «grupos de interés», lo cierto es que las empresas deberían atender a las expectativas de quienes resultan afectados por su actividad, siempre que sean legítimas. Eso es lo justo y lo prudente.

La RSE, entonces, a pesar de las críticas muy justificadas que ha recibido,[49] puede convertirse en una excelente herramienta de gestión, una buena medida de prudencia y una ineludible exigencia de justicia. Un triple eje que vale tanto para las microempresas, como para las pymes y las medianas y grandes empresas. Es el modo de ayudar a construir buenas sociedades, a través de la obtención del beneficio empresarial que se compone de bienes tangibles e intangibles. Es evidente que las empresas deben obtener beneficios no sólo para sobrevivir, sino también para seguir siendo competitivas en un entorno de incertidumbre, pero la forma legítima de hacerlo y a la vez la más inteligente, porque aumenta la probabilidad de supervivencia en el medio y largo plazo, consiste en buscar el beneficio de todos los afectados por su actividad.

De ahí que, como apunta Jesús Conill, en lo que hace a modelos de empresa, el más adecuado no sea el economicista, empeñado en maximizar el beneficio para los accionistas a toda costa, ni siquiera sólo el institucional que, sin embargo, ya expresa las exigencias de un modelo contractual para el que ya están preparados nuestros cerebros por el mecanismo evolutivo. El modelo más adecuado sería el que tiene en cuenta el beneficio de todos los afectados por su actividad.[50] Por una parte porque es más prudente buscar aliados que adversarios y, por otra, porque es lo justo.

En cuarto lugar, importa promover el pluralismo de los modelos de empresa.

El pluralismo moral y político es una riqueza, pero también lo es el de modelos de empresa. Una economía pluralista pone las condiciones para que puedan actuar empresas mercantiles, pero también entidades económicas que, sin perseguir ganancias, son capaces de generar valor añadido y, por tanto, riqueza.[51] Junto a las empresas convencionales, es decir, aquellas que, sea cual fuere su forma jurídica, se caracterizan por buscar la rentabilidad como tarea prioritaria, es preciso potenciar aquellas actividades, situadas al margen de la empresa convencional, que no buscan ante todo la rentabilidad, sino satisfacer necesidades sociales y evitar la exclusión. Son, en palabras de José Ángel Moreno, «semillas de economía alternativa», nuevos modelos de empresa, de consumo e inversión, en los que la actividad económica es instrumental. Se proponen construir un mundo nuevo, también desde la actividad económica.[52] El nombre que ha prosperado para designarlas es el de «economía social y solidaria», propuesto por Pérez de Mendiguren en 2009.

Si intentáramos caracterizar estas empresas diríamos que tienen como objetivo preferente el empoderamiento de las personas, priorizan la cooperación frente a la competencia, asumen un modelo democrático en la toma de decisiones, cuidan del medio ambiente, ponen en primer término la generación de empleo y tratan de orientar éticamente su actividad.[53] En la nómina de estas empresas cuentan las de economía social, que tienen una larga historia, pero también las empresas sociales o solidarias de emprendedurismo social, la Economía del Bien Común, la economía colaborativa, llevada a compartir usos, más que la propiedad, los sistemas de producción e intercambio de dinero social, y las finanzas alternativas, que apuestan por la inversión social.

Con todas las cautelas y disputas que requieren estas nuevas formas de economía, la economía social y solidaria está generando ya una gran cantidad de empleos y de riqueza material, es un lugar de encuentro entre el sector social y el económico, y puede ser un buen medio para empoderar a los pobres.[54]

Y en quinto y último lugar, economía y empresa deberían cultivar las distintas motivaciones de la racionalidad económica. Suele entenderse que el propio interés es el motor del mundo económico, atendiendo al célebre texto de Smith: «No es la benevolencia del carnicero, del cervecero o del panadero la que nos procura el alimento, sino la consideración de su propio interés. No invocamos sus sentimientos humanitarios, sino su egoísmo; ni les hablamos de nuestras necesidades, sino de sus ventajas».[55] Pero actuar sólo por el autointerés es suicida, son también esenciales la reciprocidad y la cooperación, la capacidad de sellar contratos y cumplirlos, generando instituciones sólidas. Cuentan, pues, también la capacidad de reciprocar, la simpatía y el compromiso de quien trata de eliminar la pobreza de otros, trata de empoderarles porque reconoce su dignidad, y cuida de la naturaleza, que en nuestro tiempo es sumamente vulnerable.[56]

Promover en el siglo xxi el pluralismo de las motivaciones en la actividad económica, que incluye el amor propio, pero también la simpatía y el compromiso, supone fortalecer la economía desde sus propios principios, teniendo en cuenta, además, la naturaleza de las bases cerebrales de la racionalidad y la emotividad económicas, como vienen mostrando distintos trabajos de neuroeconomía.[57] En ellos, como vimos, ha quedado desacreditado el mito de la racionalidad económica, entendida como la propia de un *homo oeconomicus*, individualista, maximizador de su beneficio, al que la evolución biológica ha preparado para intentar sobrevivir en la lucha por la vida eliminando a sus adversarios. Por el contrario, las personas son híbridos del *homo oeconomicus* y del *homo reciprocans*, el hombre que sabe cooperar, distinguir entre quienes violan los contratos y quienes los cumplen, castigar a los primeros y premiar a los segundos.

Sin embargo, la racionalidad del contrato, con ser inexcusable para la vida económica y política, no es innovadora, porque consagra los pactos ya existentes, pero no se esfuerza por descubrir necesidades inéditas, no le mueve la inquietud permanente de atender a los excluidos por el juego del intercambio, por el juego del dar y el recibir. No tiene en cuenta a los *áporoi*, es excluyente, todavía demasiado limitada para llegar a todos los afectados por la actividad económica.

Una ética de la razón cordial, por el contrario, es consciente del valor de los contratos para la vida política, económica y social, pero también de que hunden sus raíces en esa otra forma de vínculo humano, que es la alianza. La alianza de quienes se reconocen mutuamente como personas dotadas de dignidad, no de un simple precio, como personas vulnerables, necesitadas de justicia, pero también de cuidado y compasión.[58]

Capítulo 8

HOSPITALIDAD COSMOPOLITA

1. La crisis de asilo y refugio

En sus tratados de *Pedagogía*, Kant afirmaba que «la persona lo es por la educación, es lo que la educación la hace ser».[1] Y aseguraba que hay dos problemas especialmente difíciles para la humanidad: el problema del gobierno de las sociedades y el de la educación. El segundo, según él, todavía es más complejo que el primero, porque es necesario decidir si vamos a educar para el momento presente o para un futuro mejor; un futuro que es preciso anticipar creativamente. Su opción, como buen filósofo, fue la apuesta por educar para un mundo mejor. Y este mundo sería el de una sociedad cosmopolita, en la que ningún ser humano se sabría y sentiría excluido. Esa sería la sociedad capaz de garantizar la paz entre las personas y los pueblos. Una paz que hoy sigue siendo tan necesaria cuando los enfrentamientos bélicos siguen destruyendo vidas y poblaciones enteras en lugares como Siria, Afganistán, Irak, Libia, Israel o Palestina, pero también cuando los atentados terroristas llegan a cualquier lugar de la Tierra.

Y todo ello con la trágica secuela del éxodo de los refugiados, que se une al de los inmigrantes pobres. Es, como dijimos desde el comienzo de este libro, un ejemplo flagrante de aporofobia, que se expresa en ocasiones a través del odio en los discursos de los partidos y grupos populistas, que rememoran las hazañas de aquellos grupos de cazadores-recolectores encerrados en su egoísmo comunitario, dispuestos a defender a los propios frente a los extraños a sangre y fuego. Como la conformación básica del cerebro no ha cambiado al hilo de los siglos, ellos persisten en el egoísmo biológico originario y se empeñan en ignorar el progreso moral que, en el nivel de la conciencia explícita, ha conquistado la humanidad; insisten en cerrar fronteras para impedir que lleguen los que huyen del dolor insoportable.

Sin duda, el éxodo de los inmigrantes económicos y de los refugiados políticos es uno de los mayores desafíos a los que nos enfrentamos en nuestro mundo globalizado; un problema que se plantea en el mesonivel de las instituciones nacionales, las españolas en nuestro caso, de la Unión Europea como unión supranacional, y en el macronivel de las instituciones internacionales, de tal modo que no hay solución posible si no es con un trabajo conjunto.

El flujo de inmigrantes económicos, que abandonan su país de origen buscando un trabajo o una vida mejor, se ha incrementado exponencialmente debido a las condiciones de miseria con que se encuentran sobre todo en el continente africano y que les obliga a abandonar sus países llegando a través del Mediterráneo a las costas de Italia, Grecia y España. Es el mundo de las mafias, las pateras cargadas de varones, mujeres y niños, que se encuentran con la muerte en el mar, con el naufragio, con las vallas o con los CIE, los Centros de Internamiento para Extranjeros, el primero de los cuales se abrió en Grecia, en mayo de 2012, con el propósito de internarlos en ellos durante días. Los motines y las protestas en los CIE han aumentado en los últimos tiempos, por las condiciones inhumanas en que se encuentran los internos y por los largos periodos de tiempo de internamiento.

El problema afecta a una gran cantidad de dimensiones: pérdida de vidas humanas, sufrimiento de abandonar forzosamente el propio país por guerra o, como dice el Estatuto del Refugiado de la ONU de 1951, modificado en 1967, por «fundados temores de ser perseguido por motivos de raza, nacionalidad, pertenencia a un determinado grupo social u opiniones políticas», la necesidad de recurrir a mafias, sistemas de control en las fronteras de los países de acceso y problemas jurídicos relacionados con el derecho de asilo. Con todo ello se desvela el desconcierto y la falta de políticas comunes de la Unión Europea ante un problema humanitario de esta envergadura, los países de la Unión siguen centrados en los que creen que son sus problemas y carecen de capacidad para responder. Las posiciones han ido cambiando día a día.

Los atentados yihadistas empeoran la situación, y en un buen número de Estados miembro fortalecen los grupos nacionalistas y xenófobos. Las críticas a Merkel de los socialdemócratas y de su propio partido, el rechazo de Cameron en su momento, el increíble ascenso del Frente Nacional en Francia, el incremento del populismo en Austria, Hungría o Polonia son síntomas de un claro debilitamiento de la solidaridad europea. Pero también la negativa generalizada a asumir a los refugiados que impone el sistema de cuotas, haciendo gala de un egoísmo inhumano, o bien de aceptar un número irrisorio.

Con esta actitud, la vida y el bienestar de miles de personas están en juego, pero también lo está la identidad europea, si la Unión Europea es incapaz de gestionar caminos de salida a la crisis a la altura de sus valores. Teniendo en cuenta que nos va la vida en el fortalecimiento de una Unión Europea fiel a sus valores.

En conexión con la Declaración Universal de Derechos Humanos de 1948, *la pregunta que se plantea ante la crisis migratoria no es «si» se debe acoger a quienes vienen movidos por la necesidad y en condiciones terriblemente vulnerables, sino «cómo» hacerlo.* Esto es *lo urgente.* Y lo importante, por utilizar la bien conocida distinción de Ortega entre lo urgente y *lo importante*, consiste en ir construyendo una sociedad cosmopolita, en la que todos los seres humanos se sepan y sientan ciudadanos. La construcción de esa sociedad cosmopolita tiene su raíz en el sueño de los estoicos, que se saben a la vez ciudadanos de su país y ciudadanos del mundo, pasa por el cristianismo, cristaliza en la Ilustración y es uno de los grandes retos de nuestro tiempo.

En esa tradición es crucial un valor, el de la hospitalidad, que puede entenderse como una virtud, *la virtud de la hospitalidad*, que *es una actitud personal*, como un deber, el *deber de la hospitalidad*, que corresponde a un *derecho a la hospitalidad*, referidos ya a las instituciones jurídicas, políticas y sociales, y a las obligaciones del Estado. Pero también a una *exigencia incondicionada de hospitalidad*, que es *«anterior» al deber y al derecho, pero que ha de materializarse a través de ellos.* Si, como decía Kant, las intuiciones sin categorías son ciegas y las categorías sin intuiciones están vacías, podemos decir ahora que sin las leyes y la acción política la exigencia incondicionada de hospitalidad queda vacía, pero sin esa exigencia incondicionada las leyes de asilo y extranjería están ciegas. En esa dialéctica nos encontramos y a ella debemos enfrentarnos, porque si Europa quiere seguir siéndolo, debe proponerse reforzar la exigencia de hospitalidad que nació en su seno, y no sólo entendida como hospitalidad doméstica, sino también como hospitalidad institucional y universal. Son dos caras complementarias de una misma moneda, y no se puede renunciar a ninguna de ellas.

2. Un signo de civilización

El término «hospitalidad», como es sabido, recoge el contenido del vocablo griego «*filoxenía*», amor o afecto a los extraños, y tiene su origen en el latín «*hospitare*», que significa «recibir como invitado». Se trata de una actitud amable por parte del que acoge y da cobijo a extranjeros y visitantes. Según el Diccionario de la Lengua Española es la virtud que se ejercita con peregrinos, menesterosos y desvalidos, recogiéndolos y asistiéndoles en sus necesidades. Son sus sinónimos la acogida, el asilo, el amparo, la admisión, el recibimiento o la protección; y los antónimos, el rechazo y la hostilidad.

La hospitalidad doméstica, la disposición a acoger al extranjero en la propia casa, fue una virtud cotidiana en el mundo antiguo, tanto en Oriente como en Occidente. Una virtud que no precisaba justificación: la acogida al extranjero y al necesitado de ayuda era un signo de civilidad o, en su caso, de religiosidad; lo cierto es que resultaba incuestionable. Era el rechazo del extranjero necesitado de ayuda el que requería una justificación, porque la actitud de acogida era la socialmente aceptada como obvia.

Los relatos de actitudes hospitalarias abundan en la tradición occidental, tanto en el mundo bíblico, como en el griego y el romano. El forastero que necesitaba alimento o techo era incluso portador de una presencia divina, y la acogida era la respuesta obvia a su llegada. Los relatos de hospitalidad menudean en los poemas homéricos —en la *Ilíada* y sobre todo en la *Odisea*—, en mitos como el de Filemón y Baucis, y son constantes en la Biblia.

En lo que hace al mito de Filemón y Baucis, son Zeus y Mercurio los que buscan asilo en la ciudad de Tiana y solo el matrimonio les acoge con hospitalidad, por eso los dioses les salvan de una inundación con la que destruyen la ciudad, pero no su casa. En cuanto al célebre relato del Génesis, «la teofanía de Mambré», Abraham y Sara llegan a saber que tendrán un hijo gracias a los tres peregrinos a los que dan agua, comida y lugar donde resguardarse del sol. A lo largo de la narración resulta imposible discernir si uno de los tres peregrinos es Yahvé, pero lo cierto es que el buen anuncio llega gracias a la hospitalidad de Abraham y a pesar de la desconfianza de Sara.[2] De aquí el célebre texto de San Pablo a los hebreos: «No os olvidéis de la hospitalidad: gracias a ella hospedaron algunos, sin saberlo, a ángeles».[3]

A lo largo del Antiguo Testamento, Yahvé repite hasta la saciedad a los israelitas el deber de practicar la hospitalidad, recordándoles que también ellos fueron extranjeros en la tierra de Egipto.[4] Y el Nuevo Testamento aprecia la hospitalidad como una de las actitudes que el Hijo del Hombre tendrá en cuenta para la salvación: «Era extranjero y me acogisteis».[5] El extranjero es sagrado, y acogerle es la actitud responsiva.

En todos estos casos, la hospitalidad aparece como una virtud personal, pero también como un deber a cuyo cumplimiento obliga el hecho de percibir la necesidad del extranjero y el necesitado, su vulnerabilidad. Se trata de responder ante su desvalimiento, y no cabe respuesta humana que no sea la acogida.

Ciertamente, la hospitalidad personal sigue siendo indispensable para responder con altura humana a retos como los que plantean los éxodos masivos producidos por el hambre y las guerras, y a los que previsiblemente están por venir por la paulatina desertización de la Tierra, cuando una gran parte de la población carezca de acceso al agua. Por eso es importante que gran cantidad de familias y grupos haya acogido a los que vienen de fuera sin esperar a los arreglos institucionales. Pero es insuficiente y se hace necesaria también una institucionalización de la hospitalidad, que no quede sólo en las respuestas personales. De la misma manera que Luis Vives, con buen acuerdo, creyó necesario reclamar que en la solución al problema de la pobreza se implicaran las instituciones políticas (en su caso, los ayuntamientos),[6] el fenómeno de las inmigraciones masivas, por distintas razones, requiere soluciones institucionales.

3. Una virtud de la convivencia

Sin duda, la virtud de la hospitalidad personal sigue siendo necesaria para un mundo con altura humana, pero resulta insuficiente para dar una respuesta justa ante los éxodos masivos que estamos viviendo en el siglo xxi. En esta situación puede resultar fecundo viajar al mundo ilustrado, en el que un filósofo tan significativo como Immanuel Kant presenta dos acepciones del término «hospitalidad» que, aunque ligadas entre sí, difieren sustancialmente. La primera de ellas la presenta como una virtud necesaria para la convivencia; la segunda, como un derecho y un deber. Las dos constituyen una aportación interesante para el momento actual, aunque tal vez más la segunda que la primera.

El lugar canónico para analizar la hospitalidad como una virtud de la convivencia es el parágrafo 48 de la *Doctrina de la Virtud* de *La Metafísica de las Costumbres*, aunque también conviene recurrir a las *Lecciones de ética*, donde también se ocupará de este tipo de virtudes.[7] Las virtudes sociales pierden aquí en gran parte el significado ético que tenían en los orígenes, y, por supuesto, el religioso de ese concepto de hospitalidad del que hemos hablado, y se convierten en virtudes de la convivencia. Según Kant, no pueden considerarse propiamente virtudes, porque «no aspiran a paliar las necesidades básicas de nadie, sino sólo a contribuir a su comodidad y tienen por único objetivo hacer gratas las relaciones humanas».[8] No se trata, pues, de atender a los necesitados por el hecho de serlo, de prestarles la acogida que precisan, sino de hábitos que hacen agradable la convivencia.

Es verdad que Kant presentará estas virtudes con un mensaje que resulta ambiguo. Por una parte, justifica el hecho de considerarlas virtudes alegando que cada persona parte de sí misma, pero debe relacionarse con otras, teniendo en cuenta que se inscribe en un conjunto de círculos, el último de los cuales, omniabarcante, es una sociedad cosmopolita.[9] Pero, por otra parte, no considera que estas virtudes que hacen más fluida la relación interpersonal sean propiamente virtudes morales, porque la misión de las virtudes morales consiste en fortalecer el ánimo para el cumplimiento del deber, y no es éste el caso; pero sí que facilitan la convivencia y hacen más amable y atractiva la virtud.

Con ellas se trata de cultivar la comunicación recíproca, la amenidad, el espíritu de conciliación, el amor y el respeto mutuos; la afabilidad, el trato y el decoro, a los que Kant llama *humanitas aesthetica*. Asegura que estas virtudes tienen una gran fuerza civilizadora, porque necesitamos habitualmente la cortesía de los demás y el amable trato. Pero desde un punto de vista moral, Kant las considera como adornos externos, calderilla que no engaña a nadie, lo cual es un juicio muy duro.

Sin embargo, y continuando con su valoración ambigua de estos hábitos, añade que favorecen el sentimiento de la virtud porque la afabilidad, el carácter expansivo, la cortesía, la hospitalidad y la benignidad de quien sabe rebatir sin disputar, aunque no sean sino apariencia de virtud moral, le aproximan en lo posible a ella.[10] Humanizan y civilizan, de forma que capacitan al hombre para experimentar la fuerza moral de los principios virtuosos.[11] Son sólo modales del trato, pero obligan a otros e influyen a favor de la intención virtuosa al hacerla *estimable* al menos.[12]

Al leer estos textos resulta difícil no recordar que actualmente los códigos de ética del turismo sitúan como un valor indispensable la hospitalidad, entendida como esa virtud de la convivencia que hace agradable la vida en común, que satisface las necesidades de un huésped, que no son necesidades vitales, sino deseo de ser tratado afablemente. De esa experiencia ha nacido una rama del saber, que lleva por nombre «Ciencias de la hospitalidad», y que ha generado un conjunto de grados y de facultades, amén de un buen número de investigaciones. En ellas se enseña, como en tantas otras actividades sociales, que cuanta mayor atención ponga el anfitrión en detectar los deseos del huésped, y no en la maximización de la ganancia a toda costa, también aumentará la probabilidad de que sea mayor la rentabilidad, entendida en sentido amplio. De nuevo, la prudencia enseña a comportarse con afabilidad, a desarrollar el buen trato.

Y regresando al texto de Kant, la alusión al hecho de que el individuo vive en círculos concéntricos, el más abarcador de los cuales es el cosmopolita, podría dotar a la virtud de la hospitalidad de un carácter moral más exigente, podría señalar el camino hacia una sociedad sin exclusión. Pero, aunque así fuera, una virtud personal de la convivencia resulta insuficiente para hacer frente con altura humana al problema que plantean los desplazamientos masivos de gentes, movidas por la necesidad. Se precisa el sentido de apertura de la hospitalidad tan apreciada por el mundo bíblico, griego y romano, pero mediada por las exigencias que plantea la construcción de una sociedad cosmopolita. Para lograrlo es preciso recurrir también al segundo concepto de hospitalidad del que Kant trata en otro contexto, el de la construcción de un Derecho Cosmopolita, que nos permite complementar *la virtud personal* con el tránsito a la *obligación institucional* de acoger a los extranjeros. El deber de hospitalidad personal se convierte en un deber jurídico, que corresponde al derecho del extranjero de ser recibido.

En esta tarea de exigir una institucionalización jurídica de la hospitalidad se empleará, pues, Kant, y en nuestros días, autores como Lévinas o Derrida recordarán la exigencia incondicionada de acogida, que procede del mundo bíblico, pero precisa también plasmarse en instituciones.

4. La hospitalidad como derecho y como deber

Kant tratará de nuevo la hospitalidad, pero ahora como un deber jurídico, fundamentalmente en los dos lugares en los que intenta diseñar los trazos de un Derecho Cosmopolita: en *La paz perpetua* y en la *Doctrina del Derecho* de *La Metafísica de las Costumbres*. No habrá paz duradera —es el mensaje— sin eliminar las causas de la guerra, y eso sólo puede conseguirse en una sociedad cosmopolita, en la que todos los seres humanos se sepan y sientan ciudadanos, sin exclusiones, sea como fuere como se organice esa sociedad cosmopolita. Para construirla, el Derecho Cosmopolita ha de poner las condiciones de una hospitalidad universal; y esto no es sólo filantropía, es un deber legal que corresponde a un derecho legal. Ésta es la peculiaridad de la propuesta kantiana, que se inscribe en el contexto de proyectos de paz perpetua de su tiempo, entre ellos el del abate de Saint-Pierre, *Projet pour rendre la paix perpétuelle en Europe* (1713).

Realmente, el cosmopolitismo no siempre ha sido valorado de forma positiva. Como recuerda Massimo Mori, en textos como el de Louis-Charles Fougeret de Monbron *Le cosmopolitisme ou le cito-yen du monde* se considera al cosmopolita como un individualista radical que rechaza cualquier compromiso con la comunidad y que lleva al interés personal. Mori aduce el siguiente texto de esta obra, sumamente expresivo: «Todos los países me son iguales, siempre que yo disfrute de la claridad de los cielos y pueda conservar conve-nientemente mi individuo hasta el fin de su término. Dueño absolu-to de mis voluntades y soberanamente independiente, cambiando de morada, costumbres y clima, a mi capricho, me adhiero a todo y a nada».[13] De hecho, en el *Dictionnaire de la Académie* se dice que «un cosmopolita no es un buen ciudadano» (1762). Ésa es también la opinión de Rousseau sobre «esos cosmopolitas que van a buscar a lo lejos en sus libros deberes que desdeñan cumplir en su entorno».[14]

Y, sin embargo, también en el siglo XVIII va cobrando fuerza una visión positiva del cosmopolitismo, en la que se inscriben auto-res como Voltaire, Shaftesbury, Lessing o Kant. En general, se trata de un cosmopolitismo más bien de carácter cultural, visión que Kant comparte, pero la contribución esencial a la historia del cos-mopolitismo es su convicción de que implica un problema jurídico, que no puede resolverse sin definir las relaciones entre los hombres y los Estados en términos jurídicos.[15] Sin embargo, a mi juicio, esta propuesta kantiana presenta grandes limitaciones, porque el dere-cho no basta, sino que son también imprescindibles la ética y la política. Para mostrarlo empezaremos analizando esta noción jurí-dica de hospitalidad, recurriendo sobre todo a las dos obras kantia-nas mencionadas.

En 1795, Kant publica el opúsculo *La paz perpetua*, un texto encaminado a sentar las bases de una paz duradera entre los seres humanos.[16] Ciertamente, el rótulo «paz perpetua», sobre el que el mismo Kant ironiza en el preámbulo de la obra,[17] tiene sin embargo un significado que no conviene desdeñar.

Como es sabido, Kant tiene una visión pesimista del estado de naturaleza, estrechamente ligada a la hobbesiana, y entiende que es un deber moral salir de ese estado de guerra permanente en el que las personas no pueden desarrollar su autonomía ni tampoco organizar una convivencia pacífica.[18] Es, pues, un deber moral firmar el pacto por el que se conforma la comunidad política, el Estado civil. Pero el pacto no puede llevar sólo a una situación de paz contingente, porque la idea de paz perpetua no es una utopía, a diferencia del proyecto del abate de Saint-Pierre, pero sí es una idea regulativa. Esto significa que desde un punto de vista teórico no se puede afirmar ni negar si será posible una situación de paz perpetua, pero desde una perspectiva práctica es una obligación moral trabajar en esa dirección, porque la razón práctica lanza su veto irrevocable «no debe haber guerra», porque no es esa la forma en que cada uno debe procurar su derecho.[19] El eco de Hobbes es aquí patente:

> La guerra no consiste solamente en batallar, en el acto de luchar, sino que se da durante el lapso de tiempo en que la voluntad de luchar se manifiesta de modo suficiente. Por ello la noción del tiempo debe ser tenida en cuenta respecto a la naturaleza de la guerra, como respecto a la naturaleza del clima. En efecto, así como la naturaleza del mal tiempo no radica en uno o dos chubascos, sino en la propensión a llover durante varios días, así la naturaleza de la guerra consiste, no ya en la lucha actual, sino en la disposición manifiesta a ella durante todo el tiempo en que no hay seguridad de lo contrario. Todo el tiempo restante es de paz.[20]

No es posible, pues, hablar de paz mientras los hombres se encuentren en una situación de guerra potencial: ha de existir garantía de que ha cesado la voluntad de luchar. Hobbes cree hallar esa garantía en el pacto por el que se entrega el poder absoluto a un soberano. Kant, por su parte, propone seis artículos preliminares para la paz perpetua, y tres definitivos. De los tres definitivos, el primero se refiere al Derecho Político de cada uno de los Estados y propone hacerlos crecer en republicanismo; el segundo artículo, ligado al Derecho de Gentes, es decir, a las relaciones entre los Estados y los pueblos, sugiere formar una federación de Estados; y el último propone crear una sociedad cosmopolita a través de un Derecho Cosmopolita. El modo de asegurar la paz no consiste en aumentar el armamento, no consiste en preparar la guerra preventiva, sino en republicanizar todos los Estados, entablar relaciones entre ellos y aspirar a una sociedad cosmopolita.

De donde se sigue que la idea regulativa de la paz perpetua y el cosmopolitismo están intrínsecamente ligados en la filosofía kantiana, e incluso que es la paz la que hace atractivo el cosmopolitismo. Una posición que es discutible, porque cabe entender que aspirar a una sociedad cosmopolita es una idea regulativa que vale por sí misma, y es esto lo que dan a entender otros trabajos de filosofía de la historia y los trabajos de *Pedagogía*.

En cualquier caso, es en este tercer artículo definitivo para una paz perpetua en el que aparece explícitamente el concepto de *hospitalidad*. El artículo en cuestión dice así:

> El *derecho cosmopolita* debe limitarse a las condiciones de la *hospitalidad universal*.[21]

Con ello nace una idea de hospitalidad que no se refiere sólo a las relaciones interpersonales, no es una virtud de la civilidad y la convivencia, sino un deber de los habitantes de los Estados, y de los Estados como tales. Es este sin duda un enunciado enigmático, que contiene las claves del derecho cosmopolita en su conjunto, tal como Kant lo propone. ¿En qué consiste esta hospitalidad universal?

Para situar el tema conviene recordar que se han propuesto dos interpretaciones, al menos, del cosmopolitismo kantiano, ante las que seguimos encontrándonos hoy en día.[22] Según la primera, la situación cosmopolita se alcanzará cuando todos los Estados se hayan republicanizado y hayan unido sus voluntades en una Sociedad de Naciones, atendiendo al segundo artículo de *La paz perpetua*. La segunda interpretación concibe la sociedad cosmopolita como un Estado mundial. Esa sería la resultante del desarrollo de un Derecho Cosmopolita, que se recoge en La Doctrina del Derecho de *La Metafísica de las Costumbres*, encargado de reconocer a los hombres el estatuto de ciudadanos del mundo.

Esta segunda hipótesis encuentra apoyos en textos kantianos, en 1793 y 1795 y también en *La Crítica del Juicio*, en el parágrafo

83, en el que se dice que el fin de la cultura es la formación de un «todo cosmopolita». Sin embargo, no parece que esta segunda hipótesis sea muy plausible, precisamente porque de lo que habla el derecho cosmopolita no es de un Estado mundial en el que todos los seres humanos se sepan y sientan ciudadanos, sino del derecho de los ciudadanos a ser tratados con hospitalidad cuando van a otra tierra en son de paz, y del deber de los autóctonos de esa tierra de no rechazarlos, siempre que se cumplan ciertas condiciones.[23] Esto mismo hace suponer que los países son diferentes y no existe un Estado mundial.

Y justamente la sociedad cosmopolita que se pretende construir tendrá por clave la hospitalidad universal. Sobre su significado, el mismo Kant dará algunas claves de interpretación en el siguiente sentido.

En principio hablamos del *derecho* de quienes van a tierra extraña, precisamente porque se trata de trazar los rasgos de un Derecho Cosmopolita, no de proponer sugerencias filantrópicas. Es justamente el derecho de quien llega a un país extranjero a ser tratado con hospitalidad, es decir, a no ser tratado con hostilidad por el hecho de haber llegado a un territorio ajeno. Esto significa, evidentemente, que sigue habiendo distintos Estados y que hay una diferencia entre los derechos de los autóctonos y los de los extranjeros, pero también es verdad que el extranjero tiene derecho a no ser tratado con hostilidad siempre que se comporte amistosamente y esté dispuesto a respetar las condiciones del país al que accede.

Resulta difícil no hacer la traslación a nuestro momento y afirmar que los refugiados e inmigrantes tienen un derecho a ser acogidos con hospitalidad y que quienes viven en los países de llegada no tienen derecho a rechazarlos con hostilidad. Así parece confirmarlo una puntualización muy fina: el habitante de un país puede rechazar al extranjero, si esto puede hacerse sin su ruina.

Pero ¿qué ocurre si el rechazo comporta su desgracia o su muerte? La respuesta no aparece porque la traslación que hemos hecho no es adecuada: a fines del siglo XVIII no estaban llegando a Königsberg, la patria de Kant, una gran cantidad de inmigrantes bregando por sobrevivir, ni tampoco al resto de Europa. Kant está pensando en los conquistadores que irrumpen en países extraños para comerciar, pero también para colonizarlos. Por eso dice que tienen un *derecho de visita*, pero no un *derecho de huésped*. Esta diferencia es crucial y, a mi juicio, no siempre ha sido bien entendida.

El derecho de visita «es el derecho a presentarse a la sociedad que tienen todos los hombres», y que descansa en dos razones de muy distinta envergadura: 1) El derecho de propiedad en común de la superficie de la Tierra, no teniendo nadie originariamente más derecho que otro a estar en un determinado lugar de la tierra.[24] 2) El hecho de que los hombres no pueden extenderse al infinito sobre la superficie de la Tierra, por ser una superficie esférica, teniendo que soportarse unos junto a otros.[25]

La segunda razón en realidad depende de la primera. Si hay una posesión originaria común de la Tierra y nadie tiene más derecho que otro a estar en un lugar, entonces quien se encuentra en malas condiciones de vida en el lugar en el que le ha tocado vivir, o quien desea prosperar en otros lugares puede presentarse en ellos. Puede intentar encontrar tierras no habitadas, pero, dada la finitud de la Tierra, lo natural es que encuentre habitantes, que no deberían tratarle con hostilidad, si se presenta de forma amistosa, porque originariamente tan dueños son unos como otros.

El lugar de nacimiento de cada persona es contingente, por eso cualquiera tiene derecho a presentarse en otro lugar distinto al de nacimiento. Es una afirmación que Kant reforzará en *La Metafísica de las Costumbres* al asegurar:

> Todos los hombres están originariamente (es decir, antes de todo acto jurídico del arbitrio) en posesión legítima del suelo, es decir, tienen derecho a existir allí donde la naturaleza o el azar les ha colocado (al margen de su voluntad).[26]

Hay, pues, un derecho natural: el derecho de todo el género humano a tomar posesión de un lugar en la superficie esférica y no infinita de la Tierra. En la antigua tradición iusnaturalista, la propiedad común de la Tierra es un regalo de Dios. Este presupuesto del derecho de una propiedad originaria común de la Tierra puede tomarse como hilo conductor para reconstruir la Doctrina del Derecho en su conjunto siguiendo la ruta que ha ido marcando la Naturaleza o Providencia hasta el Derecho Político, el Derecho de Gentes y el Cosmopolita.[27] Unido al reconocimiento de la dignidad de las personas, una sociedad hospitalaria se hace imprescindible. ¿Por qué hay entonces derecho de visita, pero no de huésped?

El derecho de huésped exige un contrato en el que se dé al extranjero el derecho de asentarse en la nueva tierra por un tiempo. Pero, en realidad, en el siglo XVIII esta limitación del derecho a residir en otra tierra siempre que se haya firmado un contrato es una defensa de los más débiles y vulnerables: lo que está es limitando el derecho de los colonizadores a ocupar otras tierras, estableciendo que el máximo jurídico que podía ser reconocido a los europeos es el derecho de visita, y que las naciones pobres son las que están autorizadas a permitir su visita.[28]

La propuesta kantiana de hospitalidad es un gran avance porque destaca el derecho de visita de quien llega a otro país, lo cual implica que no se le debe tratar con hostilidad, y abre el camino de una comunidad universal. Como él mismo afirma, con el trato amigable «pueden establecer relaciones pacíficas partes alejadas del mundo, relaciones que se convertirán finalmente en legales y públicas, pudiendo así aproximar al género humano a una constitución cosmopolita».[29]

Y esta constitución cosmopolita no es un sueño irrealizable, no es «una interpretación fantástica ni extravagante». Por una parte porque ya se ha avanzado en el establecimiento de una comunidad entre los pueblos de la Tierra, de modo que la violación del derecho en un punto de la Tierra repercute en todos los demás. Un Derecho Cosmopolita es necesario para conformar el código no escrito de un Derecho Público de la humanidad, que complementaría al Derecho Político y al Derecho de Gentes, y se constituiría en condición para la aproximación a una paz perpetua.

Evidentemente, cabe plantear un buen número de preguntas a este diseño del derecho de hospitalidad, y más si debe ser aplicable al siglo XXI. Kant debería haber fundamentado el derecho a ser acogido en caso de necesidad en dos afirmaciones al menos: la defensa de la dignidad de las personas, y la posesión originaria del suelo. Pero como bien dice Vlachos, el pragmatismo lleva a menudo a recortar en la política el impulso exigente de la ética.[30] Por otra parte, la experiencia del fracaso sufrido por asociaciones como la Asamblea de los Estados Generales en la Haya, le deja en todo momento entre la posibilidad de una federación de naciones, harto improbable, y el sueño de un Estado mundial que, a juicio de Kant, no podría sino ser despótico. En cualquier caso, mientras sigamos contando con distintos Estados, éstos deben proteger a sus ciudadanos y a la vez permitir la visita de quienes vienen de fuera pacíficamente. Sobre todo, si el rechazo de quien viene de fuera causa su ruina.

Sin embargo, entender que el Estado limita enormemente las posibilidades de la hospitalidad incondicionada, que se presenta como una exigencia ética, es la clave de otras propuestas del siglo XX, como la de Lévinas y Derrida. Según ellas, frente a las proclamas individualistas de un neoliberalismo errado, la característica básica del ser humano es la apertura al otro. De donde se sigue la exigencia incondicionada de acoger al necesitado de ayuda. La ley de la hospitalidad, incondicionada e infinita, trasciende los pactos y contratos, y exige abrir el hogar político a quien lo precise. Las exigencias éticas preceden a las obligaciones y los derechos jurídicos.

5. Acogida: una exigencia ética incondicionada

Aun cuando Lévinas no menciona habitualmente el término «hospitalidad», es su idea de apertura al otro, de acogida, la que ha inspirado a otros autores a referirse a ella.[31] Esta apertura, según Lévinas, no es la acogida del extranjero en el hogar o en la propia nación o ciudad, sino la apertura al otro, que nos constituye, la acogida a la alteridad del otro. La apertura al otro es lo primero, por eso el rechazo consiste en cerrarle las puertas, porque en realidad existía un vínculo desde el comienzo, soy el rehén del otro.[32]

Lévinas abandona la tradición occidental, esa tradición en que la totalidad prima sobre el individuo, y regresa a la tradición hebrea, en la que el Absoluto (Yahvé) se presenta a través del rostro del otro, exigiendo asumir la responsabilidad por él. La civilización europea, a juicio de Lévinas, ha abierto una escisión entre los otros y nosotros desde la constitución misma de las ciudades, una escisión que genera excluidos. Occidente, desde la seguridad del *oikós*, de la casa, quiere construirlo todo, apuesta por el sedentarismo, le aterran el peregrinaje y el nomadismo. Por el contrario, Lévinas quiere destacar el primado de lo humano: el hombre es ante todo ser con los demás, con otros con los que se relaciona y ante los que tiene responsabilidad; la responsabilidad por el otro es la estructura misma que le constituye como sujeto. La responsabilidad no es un simple atributo de la subjetividad, como si ésta existiera ya en ella misma, antes de la relación ética;[33] no es un «para sí», sino un «para otro». Ésta sería la base última de una filosofía de la hospitalidad, del acoger y ser acogido.[34]

De ahí que todos los tipos de totalidad y totalización se subordinen a un criterio superior que no es la humanidad, sino el rostro del otro y su discurso, que rompe el absolutismo de la totalidad. La persona no es sólo un ejemplo de la ley a la que hay que respetar, sino que el respeto es una respuesta al rostro del otro. En cualquier caso, tanto Kant como Lévinas quieren construir una paz universal, el horizonte de ambos es la paz universal.

En una línea muy semejante se sitúa Derrida, analizando la ética y la política de la hospitalidad desde la apertura y la acogida como clave para toda actuación posterior.[35] Derrida prolongará la tradición cosmopolita, que empieza con Sócrates y culmina en Kant y se sustenta en la hospitalidad con el extranjero. Pero la hospitalidad significará ahora también atención y acogida, decir «sí» al otro.

Y sucede que la ley de la hospitalidad, la ética, es infinita e incondicionada, rompe los pactos de hospitalidad, rompe el derecho y exige abrir el hogar, es la que debe orientar las actuaciones. Sin embargo, para no quedar en una utopía necesita encarnarse en derecho, que está necesariamente condicionado en la tradición de lo que Kant denomina las condiciones de la hospitalidad universal en el derecho cosmopolita en vista de la paz perpetua.[36] El derecho de hospitalidad limita la hospitalidad absoluta.

Realmente, la hospitalidad incondicionada necesita concretarse en leyes para no quedar en mera utopía, pero es ella la que da sentido a las leyes condicionadas. De ahí que la responsabilidad política consista en inventar el acontecimiento que medie entre estas dos hospitalidades, en poner las condiciones, como es propio del imperativo de la responsabilidad sin el que el principio queda en utopía. La invención y la responsabilidad política consisten en encontrar la legislación menos mala posible.

6. Lo urgente y lo importante

Efectivamente, para no quedar en utopía esta exigencia ha de encarnarse en leyes, y ése es el momento de la responsabilidad ética y política, que media entre el principio ético de hospitalidad compasiva y las condiciones que lo concretan en los países, en las uniones supranacionales y en el marco global.[37] Tanto en el nivel de lo urgente como en el que requiere más tiempo, pero es igualmente necesario.

En el primer nivel, en el de las *políticas de acogida e integración*, la exigencia de hospitalidad debe presidir la asunción por parte de España de un amplio número de refugiados políticos, aceptando las cuotas que le asigne la Unión Europea, teniendo en cuenta variables como el tamaño, la población, las solicitudes, la tasa de desempleo, recurriendo a impuestos proporcionales, amén de defender en el Parlamento Europeo que todos los miembros de la Unión asuman sus responsabilidades, un asunto que es cada vez más complejo. Salvar vidas es el principio orientador indispensable, pero ambién que el proceso de integración de quienes acceden no acabe reduciéndose a internamientos en CIE o al abandono a su suerte.

Emprender estrategias contra el tráfico de inmigrantes, que ya están en marcha, pero es preciso potenciar, mediante refuerzos judiciales y policiales, intercambio de información, prevención de la trata de personas, mayor cooperación con terceros países. Regularizar la posibilidad de la inmigración se hace necesario, porque hoy en día resulta extremadamente difícil migrar legalmente. Es preciso potenciar mecanismos ágiles para que los países de llegada puedan registrar adecuadamente a quienes demandan asilo y que se garantice un retorno digno a los rechazados.

En cuanto a la acogida de inmigrantes es indignante que las organizaciones ciudadanas que intentan acoger personas desplazadas encuentren trabas por parte de la Administración. El ejercicio de la virtud personal de la hospitalidad no puede prohibirse.

Asumir un mayor compromiso económico en la acogida de inmigrantes y refugiados, tanto en lo que se refiere a la Unión Europea como a España, es de primera necesidad. Vía impuestos o por otros procedimientos. La solidaridad requiere colaboración económica.

En un segundo nivel, de largo aliento, la Unión Europea debería implicarse en la tarea de construir la paz en los lugares de origen por todos los medios necesarios, por ejemplo, en países como Siria, donde más de la mitad de los habitantes se han visto obligados a desplazarse y más de doscientos cincuenta mil han muerto. A pesar de que las dificultades de la Unión han aumentado en los últimos tiempos y que la victoria de Trump parece que va a dificultar todavía más el proceso, la construcción de la paz es un reto ineludible, para el que es preciso contar con las Naciones Unidas.

Y a la vez es ineludible ir construyendo la sociedad cosmopolita, impulsando la Agenda 2030 de Naciones Unidas, sea desde una gobernanza global, desde un Estado mundial democrático o desde una federación de Estados. Pero teniendo como clave esa hospitalidad universal, que haría del mundo un hogar para todos los seres humanos como una obligación de justicia.

7. Hospitalidad cosmopolita: justicia y compasión

Sin embargo, y regresando a la propuesta de Lévinas de una ética incondicionada de la acogida al otro, mediada por las condiciones que la hacen realizable, conviene hacer una puntualización a su ataque a la civilización occidental y a la crítica que le lanza por entender que la construcción de la casa y el sedentarismo han sido clave para la distinción entre «nosotros» y «ellos». Por el contrario, como hemos visto en capítulos anteriores, la formación de pequeños grupos de cazadores-recolectores, que se esfuerzan por proteger al «nosotros» del grupo frente al «ellos», frente a los extraños, precede con mucho a la cultura griega del *oikós*, de la casa, y está incorporada en el cerebro mucho antes del auge de la civilización

occidental. Es un código de conducta biocultural que no cabe acha-
car simplistamente a una u otra civilización, sino que nace con el
homo sapiens.

Los hombres nacieron en relación, no como individuos aisla-
dos, nacieron en vínculo, no como átomos cerrados en sí mismos.
Pero sobrevivieron por su solidaridad con los próximos y por su
defensa frente a los foráneos: ésa fue la clave del cerebro xenófobo.
Y paulatinamente fueron practicando la cooperación y el intercambio recíproco con aquellos de los que podían obtener algo a cambio,
formando el «nosotros» del beneficio mutuo, que excluye a los
áporoi, a los que no parecen aportar ventajas en el juego del intercambio: ésa sería la raíz del cerebro aporófobo, la raíz de la aporofobia. Y aunque el entorno actual ha cambiado sustancialmente en
comparación con las sociedades originarias, la especie humana ha
permanecido esencialmente igual a nivel biológico y genético durante los últimos cuarenta mil años, continuamos con la moral de
los grupos de beneficio mutuo. El progreso moral no se hereda,
sino que cada persona tiene que hacer su aprendizaje vital, en conexión con aquellas que le ayudan a vivir su vida.

Pero, afortunadamente, el cerebro es sumamente plástico y permite cultivar la apertura al otro, a cualquier otro, desde el reconocimiento compasivo, que es la clave de una hospitalidad universal.

No se trata sólo de afirmar el derecho que asiste a todos los seres humanos de visitar todos los lugares de la Tierra, dado que son
sus poseedores originariamente y nadie tiene un derecho mayor
que otro a residir en una parte de la Tierra, como hemos visto en el
parágrafo 13 de *La Metafísica de las Costumbres*. Tampoco se trata
sólo, continuando con Kant, de defender los derechos de los pueblos vulnerables a no ser invadidos. Pero tampoco se limita a afirmar la apertura de quien se siente conmovido por el rostro del otro,
como si fuera el otro quien lleva la iniciativa.

La exigencia ética incondicionada brota del reconocimiento de
la dignidad ajena y propia, del respeto a quienes tienen dignidad y
no un simple precio. Pero brota también de la solidaridad con quienes se encuentran en una situación especialmente vulnerable. Es
verdad que todas las personas son vulnerables, pero en distintos
tiempos y lugares unas precisan más ayuda que otras para mantener

la vida, y una vida buena.[38] En estos casos no hay más respuesta ética y política con altura humana que la de la exigencia de una hospitalidad universal, que orienta las construcciones, siempre condicionadas, de las instituciones jurídicas y políticas.

Más todavía si ese reconocimiento no es sólo el de la dignidad, al que todo ser humano tiene derecho por su valor interno, incluso el de la solidaridad con quien la necesita, sino también el reconocimiento cordial de que nuestras vidas están originariamente vinculadas y por eso importa hacerlas desde la compasión.[39]

Una ética de la corresponsabilidad exige gestionar las condiciones jurídicas y políticas actuales desde el reconocimiento compasivo, orientando la construcción de una sociedad cosmopolita, sin exclusiones. Es éste un objetivo ineludible de la educación, que debe empezar en la familia y en la escuela y continuar en los distintos ámbitos de la vida pública.

A mi juicio, una educación a la altura del siglo XXI tiene por tarea formar personas de su tiempo, de su lugar concreto, y abiertas al mundo. Sensibles a los grandes desafíos, entre los que hoy cuentan el sufrimiento de quienes buscan refugio en esta Europa, que ya en el siglo XVIII reconoció el deber que todos los países tienen de ofrecer hospitalidad a los que llegan a sus tierras, el drama de la pobreza extrema, el hambre y la indefensión de los vulnerables, los millones de muertes prematuras y de enfermedades sin atención. Educar para nuestro tiempo exige formar ciudadanos compasivos, capaces de asumir la perspectiva de los que sufren, pero sobre todo de comprometerse con ellos.

BIBLIOGRAFÍA

1. Una lacra sin nombre

Cortina, Adela, «Aporofobia», en «Creación Ética», *ABC Cultural*, 1 de diciembre de 1995.
—, (coord.): *Ética. La vida moral y la reflexión ética*, Santillana Secundaria, Madrid, 1996, pp. 70 y 71.
—, «Aporofobia», *El País*, 7 de marzo de 2000, p. 14.
—, *¿Para qué sirve realmente la ética?*, Paidós, Barcelona, 2013.
García Márquez, Gabriel, *Cien años de soledad*, Sudamericana, Buenos Aires, 1969.
Martínez Navarro, Emilio, «Aporofobia», en Jesús Conill (coord.), *Glosario para una sociedad intercultural*, Bancaja, Valencia, 2002, pp. 17-23.
Zweig, Stefan, *Impaciencia del corazón*, Círculo de Lectores, Barcelona, 1957.

2. Los delitos de odio al pobre

Carrillo Donaire, Juan Antonio, «Libertad de expresión y 'discurso del odio' religioso: la construcción de la tolerancia en la era postsecular», *Revista de Fomento Social*, vol. 70, n.º 278, 2015, pp. 205-243.
Chakraborti, Neil, «Hate Crime Victimisation», *International Review of Victimology*, 12, 2011, pp. 1-4.
—, John Garland y Stevie-Jade Hardy, *The Leicester Hate Crime Project: findings and conclusions*, The Leicester Centre for Hate Studies, University of Leicester, 2014.
Constant, Benjamin, «De la libertad de los antiguos comparada con la de los modernos», *Escritos políticos*, Centro de Estudios Constitucionales, Madrid, 1999, pp. 257-285.
Cortina, Adela, «Mujer, economía familiar y Estado del Bienestar», *Dimensiones económicas y sociales de la familia*, Fundación Argentaria, Visor, 2000, pp. 253-268.
—, *Ética mínima. Introducción a la filosofía práctica*, Tecnos, Madrid, 1986.
—, *Alianza y contrato*, Trotta, Madrid, 2001.

Dworkin, Ronald, *Sovereign Virtue. The Theory and Practice of Equality*, Harvard University Press, Cambridge, Ma., Londres, 2000.

Glucksmann, André, *El discurso del odio*, Taurus, Madrid, 2005.

Jacobs, James B., & Kimberly Potter, *Hate Crimes: Criminal Law and Identity Politics*, Oxford University Press, Nueva York, 1998.

Kant, Immanuel, *La Metafísica de las Costumbres*, Tecnos, Madrid, 1989.

Observatorio Hatento, *Muchas preguntas. Algunas respuestas. Los delitos de odio contra las personas sin hogar*, RAIS Fundación, Madrid, 2015 a, <www.hatento.org>.

—, *Informe de investigación*, RAIS Fundación, Madrid, 2015 b.

Revenga, Miguel (dir.), *Libertad de expresión y discursos del odio*, Cátedra de Democracia y Derechos Humanos, Madrid, 2015.

Rey, Fernando, «Discurso del odio y racismo líquido», en Miguel Revenga (dir.), *Libertad de expresión y discursos del odio*, Cátedra de Democracia y Derechos Humanos, Madrid, 2015, pp. 51-88.

Rodríguez-Izquierdo, Myriam, «El discurso del odio a través de internet», en Miguel Revenga (dir.), *Libertad de expresión y discursos del odio*, Cátedra de Democracia y Derechos Humanos, Madrid, 2015, pp. 149-183.

Secretaría de Estado de Seguridad del Ministerio del Interior, *Informe sobre la evolución de los delitos de odio en España, 2013*, Ministerio del Interior, Madrid, 2014.

—, *Informe sobre incidentes relacionados con los delitos de odio en España, 2014*, Ministerio del Interior, Madrid, 2015.

—, *Informe sobre la evolución de los delitos de odio en España, 2015*, Ministerio del Interior, Madrid, 2016.

3. El discurso del odio

Apel, Karl-Otto, *La transformación de la filosofía*, Taurus, Madrid, 1985.

Austin, John L, *Cómo hacer cosas con palabras*, Paidós, Barcelona, 1982.

Barber, Benjamin, *Democracia fuerte. Política participativa para una nueva época*, Almuzara, Granada, 2004.

Carrillo Donaire, Juan Antonio, «Libertad de expresión y 'discurso del odio' religioso: la construcción de la tolerancia en la era postsecular», *Revista de Fomento Social*, vol. 70, n.° 278, 2015, pp. 205-243.

—, Juan Antonio, «La protección de los derechos frente a los discursos del odio: del derecho represivo a las políticas públicas antidiscriminatorias», en Juan Antonio Carillo Donaire (ed.), *La protección de los derechos frente a los discursos del odio: de la protección penal a las políticas públicas*, Athenaica, en prensa.

Chakraborti, Neil, «Hate Crime Victimisation», *International Review of Victimology*, 12, 2011, pp. 1-4.

Chakraborti, Neil, John Garland y Stevie-Jade Hardy *The Leicester hate crime project: findings and conclusions*, The Leicester Centre for Hate Studies, Universidad de Leicester, 2014.

Conill, Jesús, *El enigma del animal fantástico*, Tecnos, Madrid, 1991.

—, *Horizontes de economía ética*, Tecnos, Madrid, 2004.

—, *Ética hermenéutica*, Tecnos, Madrid, 2006.

— y Vicent Gozálvez, *Ética de los medios*, Gedisa, Barcelona, 2004.

Constant, Benjamin, «De la libertad de los antiguos comparada con la de los modernos», *Escritos políticos*, Centro de Estudios Constitucionales, Madrid, 1989, pp. 257-285.

Cortina, Adela, *Ética aplicada y democracia radical*, Tecnos, Madrid, 1993.

—, *Ética de la razón cordial*, Nobel, Oviedo, 2007.

—, y Domingo García-Marzá (eds.), *Razón pública y éticas aplicadas. Los caminos de la razón práctica en una sociedad pluralista*, Tecnos, Madrid, 2003.

García-Marzá, Domingo, *Ética empresarial. Del diálogo a la confianza*, Trotta, Madrid, 2004.

Glucksmann, André, *El discurso del odio*, Taurus, Madrid, 2005.

Gracia, Diego, *Fundamentos de Bioética*, EUDEMA, Madrid, 1989.

Habermas, Jürgen, *Conciencia moral y acción comunicativa*, Península, Barcelona, 1985.

—, «Del uso pragmático, ético y moral de la razón práctica», *Aclaraciones a la ética del discurso*, Trotta, Madrid, 2000, pp. 109-126.

Hare, Ivan, & James Weinstein (eds.), *Extreme Speech and Democracy*, Oxford University Press, 2010.

Hegel, Georg Wilhelm Friedrich, *Principios de la Filosofía del Derecho o Derecho Natural y Ciencia Política*, Editorial Sudamericana, Buenos Aires, 1975.

Honneth, Axel, *La lucha por el reconocimiento*, Crítica, Barcelona, 1997.

Jacobs, James B., & Kimberly Potter, *Hate Crimes: Criminal Law and Identity Politics*, Oxford University Press, Nueva York, 1998.

Kant, Immanuel, *La Metafísica de las Costumbres*, Tecnos, Madrid, 1989.

Loewenstein, Karl, «Militant Democracy and Fundamental Rigths», *American Political Science Review*, vol. 31, n.º 3, 1937 a, pp. 417-432.

—, «Militant Democracy and Fundamental Rigths», *American Political Science Review*, vol. 31, n.º 4, 1937 b, pp. 638-658.

Lozano, José Félix, *Códigos éticos para el mundo empresarial*, Trotta, Madrid, 2004.

Martínez Navarro, Emilio, *Ética para el desarrollo de los pueblos*, Trotta, Madrid, 2000.

Martínez-Torrón, Javier «Libertad de expresión y lenguaje ofensivo: algunos criterios prácticos de análisis jurídico», *El Cronista del Estado social y democrático de derecho*, n.º 60, 2016, pp. 26-33.

Milton, John, *Aeropagítica*, Tecnos, Madrid, 2011.

Moretón Toquero, M.ª Aránzazu, «El 'ciberodio', la nueva cara del mensaje de odio: entre la cibercriminalidad y la libertad de expresión», *Revista Jurídica de Castilla y León*, n.º 27, 2012, pp. 1-18.

Muñoz Machado, Santiago, *Los itinerarios de la libertad de palabra*, Real Academia Española, Madrid, 2013.

Observatorio Hatento, *Muchas preguntas. Algunas respuestas. Los delitos de odio contra las personas sin hogar*, RAIS Fundación, Madrid, 2015 a, <www.hatento.org>.

—, *Informe de investigación*, RAIS Fundación, Madrid, 2015 b.

Parekh, Bikuh, *Rethinking Multiculturalism: Cultural Diversity and Political Theory*, Harvard University Press, 2002.

—, «Hate speech. Is there a case for banning?», *Public Policy Research*, vol. 12, Issue 4, 2006, pp. 213 y ss.

Post, Robert, «Hate Speech», en Ivan Hare y James Weinstein (eds.), *Extreme Speech and Democracy*, Oxford University Press, Nueva York, 2009, pp. 129-138.

Rawls, John, *El liberalismo político*, Crítica, Barcelona, 1996.

Renaut, Alain, *La era del individuo*, Destino, Barcelona, 1993.

Revenga, Miguel (dir.), *Libertad de expresión y discursos del odio*, Cátedra de Democracia y Derechos Humanos, Universidad de Alcalá y Defensor del Pueblo, Madrid, 2015 a.

—, «Los discursos del odio y la democracia adjetivada: tolerante, intransigente, ¿militante?», en Miguel Revenga, *Libertad de expresión y discursos del odio*, Cátedra de Democracia y Derechos Humanos, Universidad de Alcalá y Defensor del Pueblo, Madrid, 2015 b, pp. 15-32.

Rey, Fernando, «Discurso del odio y racismo líquido», en Miguel Revenga, *Libertad de expresión y discurso del odio*, Cátedra de Democracia y Derechos Humanos, Universidad de Alcalá y Defensor del Pueblo, 2015 a, pp. 51-88.

Ricœur, Paul, *Caminos del reconocimiento*, Trotta, Madrid, 2005.

Searle, John, *Actos de habla*, Cátedra, Madrid, 1980.

Secretaría de Estado de Seguridad del Ministerio del Interior, *Informe sobre la evolución de los delitos de odio en España, 2013*, Ministerio del Interior, Madrid, 2014.

—, *Informe sobre incidentes relacionados con los delitos de odio en España, 2014*, Ministerio del Interior, Madrid, 2015.

Siurana, Juan Carlos, *Una brújula para la vida moral*, Comares, Granada, 2003.

Taylor, Charles, *El multiculturalismo y la «política del reconocimiento»*, FCE, México, 1993.

Walker, Samuel, *Hate Speech. The History of an American Controversy*, University of Nebraska Press, 1994.

4. Nuestro cerebro es aporófobo

Amor Pan, José Ramón, *Bioética y Neurociencias*, Institut Borja de Bioètica/Universitat Ramon Llull, Barcelona, 2015.

Aranguren, José Luis, «Ética», en *Obras Completas*, II, Trotta, Madrid, 1994, pp. 159-502.

Blanco, Carlos, *Historia de la Neurociencia*, Biblioteca Nueva, Madrid, 2014.

Changeux, Jean-Pierre, *Neuronal Man*, Pantheon Books, Nueva York, 1985.

—, *Sobre lo verdadero, lo bello y el bien*, Katz Editores, Madrid, 2010.

Choudury, S., y otros, «Critical Neuroscience: Linking Neuroscience and Society through Critical Practice», *BioSocieties*, 4.1, 2009, pp. 61-77.

Churchland, Patricia S., *Braintrust*, Princeton University Press, Princeton, 2011.

Codina, M.ª José, *Neuroeducación en virtudes cordiales. Cómo reconciliar lo que decimos con lo que hacemos*, Octaedro, Barcelona, 2015.

Conill, Jesús, *Horizontes de economía ética*, Tecnos, Madrid, 2004.

—, «Neuroeconomía», en Adela Cortina (ed.), *Guía Comares de Filosofía Práctica*, Comares, Granada, 2012, pp. 39-64.

Cortina, Adela, *Ética mínima*, Tecnos, Madrid, 1986.

—, *Ciudadanos del mundo. Hacia una teoría de la ciudadanía*, Alianza, Madrid, 1997.

—, *Alianza y contrato. Ética, política y religión*, Trotta, Madrid, 2001.

—, *Neuroética y neuropolítica. Sugerencias para la educación moral*, Tecnos, Madrid, 2011.

— (coord.), *Guía Comares de Neurofilosofía práctica*, Comares, Granada, 2012.

Damásio, António, *En busca de Spinoza. Neurobiología de la emoción y los sentimientos*, Destino, Barcelona, 2011 (edición original de 2003).

Darwin, Charles, *El origen del hombre*, Crítica, Barcelona, 2009.

Eagleman, David, *Incógnito. Las vidas secretas del cerebro*, Anagrama, Barcelona, 2013.

Edelman, Gerald M., *Bright air, brilliant fire: On the matter of the mind*, Basic Books, Nueva York, 1992.

—, y Giulio Tononi, *El universo de la conciencia*, Crítica, Barcelona, 2002.

Evans, Jonathan St. B. T., «Dual-processing accounts of reasoning, judgement, and social cognition», *Annual Review of Psychology*, 59, 2008, pp. 255-278.

Evers, Kathinka, *Neuroética*, Katz, Buenos Aires, 2010.

—, «Can We Be Epigenetically Proactive?», en T. Metzinger y J.M. Windt (eds.), *Open Mind*: 13 (T), Fráncfort del Meno: MIND Group, 2015, pp. 1-21.

Fuster, Joaquín M., *Cerebro y libertad*, Ariel, Barcelona, 2014.

García-Marzá, Domingo, «Neuropolítica: una mirada crítica sobre el poder», en A. Cortina (coord.), *Guía Comares de Neurofilosofía práctica*, Comares, Granada, 2012, pp. 77-96.

Gazzaniga, Michael S., *El cerebro ético*, Paidós, Barcelona, 2006.

Greene, Joshua D., «Del "es" neuronal al "debe" moral: ¿cuáles son las implicaciones morales de la psicología moral neurocientífica?», en A. Cortina (coord.), *Guía Comares de Neurofilosofía práctica*, Comares, Granada, 2012, pp. 149-158.

—, «Beyond Point-and-Shoot Morality: Why Cognitive (Neuro)Science Matters for Ethics"», *Ethics*, 124, 2014, pp. 695-726.

Haidt, Jonathan, *The Righteous Mind: Why Good People are Divided by Politics and Religion*, Pantheon Books, Nueva York, 2012.

Hamilton, W. D., «The evolution of altruistic behavior», *American Naturalist*, n.º 97, 1964 a, pp. 354-356.

—, «The genetical evolution of social behavior», *Journal of Theoretical Biology*, n.º 7, 1964 b, pp. 1-52.

Hauser, Marc D., *La mente moral. Cómo la naturaleza ha desarrollado nuestro sentido del bien y del mal*, Paidós, Barcelona, 2008.

Hirschman, Albert O., *Las pasiones y los intereses. Argumentos políticos a favor del capitalismo antes de su triunfo*, FCE, México, 1978.

Jacoboni, Marco *Las neuronas espejo*, Katz, Barcelona, 2009.

Kant, Immanuel, *La paz perpetua*, Tecnos, Madrid, 1985.

Kohlberg, Lawrence, «The future of liberalism as the dominant ideology of the Western World», *The Philosophy of Moral Development*, Harper, Nueva York, 1981.

Levy, Neil, *Neuroethics*, Camdridge University Press, Nueva York, 2007.

Lewontin, Richard C.,,, Steven Rose y Leon J. Kamin, *No está en los genes. Crítica del racismo biológico*, Crítica, Barcelona, 1996.

Marshall, Thomas, *Ciudadanía y clase social*, Alianza, Madrid, 1998.

Liao, S. Matthew (ed.), *Moral Brains. The Neuroscience of Morality*, Oxford University Press, Nueva York, 2016.

Minsky, Marvin, *La sociedad de la mente*, Buenos Aires, Galápago, 1987.

Nowak, M., y K. Sigmund, «Shrewd investments», *Science*, vol. 288, n.º 5.467, 2000, pp. 819-820.

Ovidio, *Las Metamorfosis*.

Pogge, Thomas, *La pobreza en el mundo y los derechos humanos*, Paidós, Barcelona, 2005.

«Retos actuales de la neuroética», *Recerca. Revista de Pensament i Anàlisi* n.º 13, 2013.

Rizzolatti, Giacomo, y Corrado Sinigaglia, *Las neuronas espejo*, Paidós, Barcelona, 2006.

San Pablo, Epístola a los Romanos.

Sen, Amartya, «Rational fools: A critique of the behavioural foundations of economic theory», *Philosophy and Public Affairs*, vol. 6, n.º 4, 1977, pp. 317-344.

—, *Desarrollo y libertad*, Planeta, Barcelona, 2000.

—, *Rationality and Freedom*, The Belknap Press of Harvard University Press, Cambridge, Massachussetts/Londres, 2002.

Smith, Adam, *La teoría de los sentimientos morales*, Alianza, Madrid, 1997.

Suhler, Christopher, y Patricia Churchland, «The neurological basis of morality», en Judy Illes y Barbara J. Sahakian (eds.), *The Oxford Handbook of Neuroethics*, 2011, pp. 33-58.

Taylor, Charles, *El multiculturalismo y la «política del reconocimiento»*, FCE, México, 1993.

Wilson, J. Q., *The Moral Sense*, Free Press, Nueva York, 1993.

5. Conciencia y reputación

Alexander, Richard D., *The Biology of Moral Systems*, Aldine de Gruyter, Nueva York, 1987.

Audi, Robert, *La percepción moral*, Avarigani, Madrid, 2015.

Axelrod, Robert, *The Evolution of Cooperation*, Basic Books, Nueva York, 1984.

Bergson, Henri, *Las dos fuentes de la moral y de la religión*, Tecnos, Madrid, 1996.

Boehm, Christophe, *Moral origins*, Basic Books, Nueva York, 2012.

Codina Felip, M.ª José, *Neuroeducación en virtudes cordiales. Cómo reconciliar lo que decimos con lo que hacemos*, Octaedro, Barcelona, 2015.

Conill, Jesús, «'La voz de la conciencia'. La conexión noológica de moralidad y religiosidad en Zubiri», *Isegoría*, 40, 2009, pp. 115-134.

Cortina, Adela, *Ética de la razón cordial*, Nobel, Oviedo, 2007.

—, *Neuroética y neuropolítica. Sugerencias para la educación moral*, Tecnos, Madrid, 2011.

—, *¿Para qué sirve realmente la ética?*, Paidós, Barcelona, 2013.

Churchland, Patricia S., *Braintrust*, Princeton University Press, Princeton, 2011.

Darwin, Charles, *El origen del hombre*, Crítica, Barcelona, 2009.

Engelmann, D., y U. Fischbacher, «Indirect reciprocity and strategic reputation building in an experimental helping game», *Games and Economic Behavior*, 67, 2009, pp. 399-407.

Fehr, Ernst, y Frédéric Schneider, «Eyes are on us, but nobody care: are eye cues relevant for strong reciprocity?», *Proceedings of the Royal Society*, 277, 2010, pp. 1315-1323.

Fuentes, Carlos, *Las buenas conciencias*, Alfaguara, México, 2003.

Gintis, H., «The hitchhiker's guide to altruism: Gene-culture coevolution and the internalization of norms», *Journal of Theoretical Biology*, 220, 2003, pp. 407-418.

Gómez, Carlos, «Conciencia», en Adela Cortina (coord.), *Diez palabras clave en ética*, Verbo Divino, Estella, 1998, pp. 17-71.

Haidt, Jonathan, *The Righteous Mind: Why Good People are Divided by Politics and Religion*, Pantheon Books, Nueva York, 2012.

Hill Jr., Thomas E., «Four Conceptions of Conscience», en Ian Shapiro y Robert Adams, *Integrity and Conscience*, New York University Press, 1998, pp. 13-52.

Hume, David, *Tratado de la naturaleza humana*, II, Editora Nacional, Madrid, 1977.

Izuma, Keise, ,«The social neuroscience of reputation», *Neuroscience Research*, 72, 2012, pp. 283-288.

Ito, A., T. Fujii, A. Ueno, Y. Koseki, M. Tashiro y E. Mori, «Neural Basis of Pleasant and Unpleasant Emotions Induced by Social Reputation», *CYRIC Annual Report*, 2010-2011, pp. 100-102.

Joyce, Richard, «The origins of moral judgement», en Frans B. M. de Waal, Patricia S. Churchland, Telmo Pievani y Stefano Parmigiani, 2014, pp. 261-278.

Kant, Immanuel, *La fundamentación de la Metafísica de las Costumbres*, Espasa-Calpe, Madrid, 1946.

—, *La Metafísica de las Costumbres*, Tecnos, Madrid, 1989.

Moll, Jorge, y otros, «The Neural Correlates of Moral Sensitivity: A Functional Magnetic Resonance Imaging Investigation of Basic and Moral Emotions», *The Journal of Neuroscience*, 22 (7), 2002, pp. 2730-2736.

—, y otros, «The neural basis of human moral cognition», *Nat Rev Neuroscience*, 6, 2005, pp. 799-809.

Nietzsche, Friedrich, «Die fröhliche Wissenschaft», en *Kritische Studien Ausgabe*. Editado por Giorgio Colli y Mazzino Montinari, Bd. III, De Gruyter, Berlín, 1999.

Nowak, Martin A., y Karl Sigmund, «Shrewd Investments», *Science*, vol. 288 n°. 5467, 2000, pp. 819-820 ; véanse también 1998 y 2005.

Nuccetelli, Susana, y Gary Shea (eds.), *Ethical Naturalism: Current Debates*, Cambridge University Press, 2012.

Ojakangas, Mika, *The Voice of Conscience. A Political Genealogy of Western Ethical Experience*, Bloomsbury, Nueva York, 2013.

Ortega, César, «¿Naturalizar la idea de justicia? Una respuesta crítica desde la teoría moral de Jürgen Habermas», *Pensamiento*, n.° 272, 2016, en prensa.

Philip Kitcher, «Is a naturalized ethics possible?», en Frans B. M. de Waal, Patricia S. Churchland, Telmo Pievani & Stefano Parmigiani, (ed.), 2014, pp. 245-260.

Platón, *La República*, Centro de Estudios Políticos, Madrid, 1969.

Rawls, John, *A Theory of Justice*, Oxford University Press, Oxford, 1971.

«Retos actuales de la Neuroética. Current Challenges for Neuroethics», *Recerca*, n.° 13, 2013.

Richart, Andrés, «El origen evolutivo de la agencia moral y sus implicaciones para la ética», *Pensamiento*, n.° 272, 2016, en prensa.

Seinen, I., y A. Schram, «Social status and group norms: indirect reciprocity in a repeated helping experiment», *European Economic Review*, 50, 2006, pp. 581-602.

Simon, Herbert, ,«A mechanism for social selection and successful altruism», *Science*, 250, 1990, pp. 1665-1668.

Trivers, R. L., «The evolution of reciprocal altruism», *Q. Rev. Biol*, 46, 1971, pp. 35-57.

Waal, Frans M. de, Patricia S. Churchland, Telmo Pievani y Stefano Parmigiani (ed.), *Evolved Morality. The Biology and Philosophy of Human Conscience*, Brill, Leiden, Boston, 2014.

Wedekind, C., y M. Milinski, «Cooperation through image scoring in humans», *Science*, 288, 2000, pp. 850-852

6. Biomejora moral

Agar, Nicholas, : «Liberal Eugenics», en Helga Juse and Peter Singer (eds.), *Bioethics. An Anthology*, Blackwell, Oxford, 1999, pp. 171-181;

Apel, Karl-Otto, *La transformación de la filosofía*, II, Taurus, Madrid, 1985.

Axelrod, Robert, *The Evolution of Cooperation*, Basic Books, Nueva York, 1984.

—, y William D. Hamilton, «The Evolution of Cooperation», *Science*, n.° 211, 1981, pp. 1390-1396.

Bostrom, Nick, «A History of Transhumanist Thought", *Journal of Evolution and Technology*, vol. 14, 1, 2005, pp. 1-30.

Buchanan, Allen, *Beyond Humanity?*, Oxford University Press, Oxford, 2011.

Cela, Camilo J., y Francisco Ayala, *Senderos de la evolución humana*, Alianza, Madrid, 2001.

Churchland, Patricia, *Braintrust*, Princeton University Press, Princeton, 2011.

Codina, M.ª José, *Neuroeducación en virtudes cordiales. Cómo reconciliar lo que decimos con lo que hacemos*, Octaedro, Barcelona, 2015.

Conill, Jesús, «Neuroeconomía», en Adela Cortina (ed.), *Guía Comares de Filosofía Práctica*, Comares, Granada, 2012.

Cortina, Adela, *Ética de la razón cordial. Educar para la ciudadanía en el siglo xxi*, Nobel, Oviedo, 2007.

—, *Neuroética y neuropolítica. Sugerencias para la educación moral*, Tecnos, Madrid, 2011.

Douglas, Thomas, «Moral Enhancement», *Journal of Applied Philosophy*, vol. 25, n.º 3, 2008.

Habermas, Jürgen, *El futuro de la naturaleza humana. ¿Hacia una eugenesia liberal?*, Paidós, Barcelona, 2002.

Haidt, Jonathan, «El perro emocional y su cola racional», en Adela Cortina (ed.), *Guía Comares de Neurofilosofía práctica*, Comares, Granada, 2012, pp. 159-215

—, *The Righteous Mind: Why Good People are Divided by Politics and Religion*, Pantheon Books, 2012.

Hamilton, William D., «The Evolution of Altruistic Behavior», *American Naturalist*, n.º 97, 1964 a, p. 356.

—, «The Genetical Evolution of Social Behavior», *Journal of Theoretical Biology*, n.º 7, 1964 b, pp. 1-52.

Harris, John, «Enhancements Are a Moral Obligation», en Julian Savulescu y Nick Bostrom (eds.), *Human Enhancement*, Oxford University Press, 2009, pp. 131-154.

—, *How to be Good. The Possibility of Moral Enhancement*, Oxford University Press, Nueva York, 2016,

Hauser, Marc D., *La mente moral*, Paidós, Barcelona, 2008.

Hume, David, *Tratado de la naturaleza humana*, II, Editora Nacional, Madrid, 1977.

Huxley, Julian, *Religion without Revelation*, London, 1927; citado por J. Hughes, *Citizen Cyborg: why democratic societies must respond to the redesigned human of the future*, Westview Press, Cambridge, MA, 2004.

Jensen, K., J. Call y M. Tomasello, «Chimpanzees are rational maximizers in an ultimate game», *Science*, 318 (5847), 2007, pp. 107-109.

Jonas, Hans, *El principio de la responsabilidad*, Círculo de Lectores, Barcelona, 1994.

Kahneman, Daniel, *Thinking, fast and slow*, Penguin Books, Londres, 2011.

Kant, Immanuel, *La Metafísica de las Costumbres*, Tecnos, Madrid, 1989.

Krause, Sharon R., *Civil Passions. Moral sentiment and democratic deliberation*, Princeton University Press, 2008.

Levy, Neil, *Neuroethics*, Cambridge University Press, Nueva York, 2007.

Marcus, George E., *The sentimental citizen: emotion in democratic politics*, The Pennsylvania State University, 2002.

Morgado, Ignacio, *Emociones e inteligencia social*, Ariel, Barcelona, 2010.

Nowak, Martin A., y Karl Sigmund, «Shrewd Investments», *Science*, 288, 2000.

Nowak, M. A., y otros, «Fairness versus reason in the Ultimatum Game», *Science*, 289, 2000, pp. 1773-5.

Pires, María do Céu, *Ética e cidadanía. Um Diálogo com Adela Cortina*, Colibrí, Lisboa, 2015.

Safire, William, «Visions for a New Field of 'Neuroethics'», en S. J. Marcus, *Neuroethics: Mapping the Field*, The Dana Press, Nueva York, 2002, pp. 3-9.

Sandel, Michael, *Contra la perfección*, Marbot, Barcelona, 2007.

Savulescu, Julian, ¿Decisiones peligrosas? Una bioética desafiante, Tecnos, Madrid, 2012.

—, y Nick Bostrom (eds.), *Human Enhancement*, Oxford University Press, 2009.

Savulescu, Julian, e Ingmar Persson: «Moral Enhancement», *Philosophy Now*, julio-agosto de 2012, pp. 24-26.

Skyrms, Brian, *Evolution of the Social Contract*, Cambridge University Press, 1996.

Tomasello, Michael, *¿Por qué cooperamos?*, Katz, Buenos Aires, 2010.

Wiseman, Harris, *The Myth of the Moral Brain. The Limits of Moral Enhancement*, MIT Press, Cambridge, MA, 2016.

7. ERRADICAR LA POBREZA, REDUCIR LA DESIGUALDAD

Ansotegui, Carmen, Fernando Gómez-Bezares, Raúl González Fabre, *Ética de las finanzas*, Bilbao, Desclée de Brouwer, 2014.

Aristóteles, *Política*, Instituto de Estudios Políticos, Madrid, 1970. (Introducción y notas de Julián Marías.)

—, *Retórica*, Centro de Estudios Constitucionales, Madrid, 1985.

Brock, Gillian, *Global Justice. A Cosmopolitan Account*, Oxford University Press, Nueva York, 2009.

Comim, Flavio, Martha C. Nussbaum (eds.), *Capabilities, Gender, Equality: Towards Fundamental Entitlements*, Cambridge University Press, 2014.

Conill, Jesús, «Por una economía hermenéutica de la pobreza», en Adela Cortina y Gustavo Pereira (eds.), *Pobreza y libertad. Erradicar la pobreza desde el enfoque de las capacidades de Amartya Sen*, Tecnos, Madrid, 2009, pp. 151-162.

—, *Horizontes de economía ética*, Tecnos, Madrid, 2004.

—, «Neuroeconomía y Neuromarketing: ¿más allá de la racionalidad maximizadora?», en Adela Cortina (ed.), *Guía Comares de Neurofilosofía Práctica*, Comares, Granada, 2012, pp. 39-64.

Cortina, Adela, *Alianza y contrato*, Trotta, Madrid, 2001.

—, *Por una ética del consumo. La ciudadanía del consumidor en un mundo global*, Taurus, Madrid, 2002.

—, *Ética de la razón cordial*, Nobel, Oviedo, 2007.

—, *¿Para qué sirve realmente la ética?*, Paidós, Barcelona, 2013.

—, y Gustavo Pereira (eds.), *Pobreza y libertad. Erradicar la pobreza desde el enfoque de las capacidades de Amartya Sen*, Tecnos, Madrid, 2009.

—, y Jesús Conill: «Ethics of Vulnerability», en Aniceto Masferrer y Emilio García-Sánchez (eds.), *Human Dignity of the Vulnerable*, Springer International Publishing AG Switzerland, 2016, pp. 45-62.

Crocker, David A., *Ethics of Global Development. Agency, Capability and Deliberative Democracy*, Cambridge University Press, 2008.

Drèze, Jean, y Amartya Sen, *Hunger and Public Action*, Oxford University Press, 1989.

Escudero, Manuel, *Homo globalis*, Espasa, Madrid, 2005.

Fleischacker, Samuel, *A Short History of Distributive Justice*, Harvard University Press, Cambridge, Londres, 2004.

Francisco, Encíclica *Laudato Si': Sobre el cuidado de la casa común*, 2015.

García Delgado, José Luis, Ángela Triguero y Juan Carlos Jiménez, «El emprendedor social como punto de encuentro entre el tercer sector y la sociedad civil», *Mediterráneo Económico*, 26, 2014, pp. 275-290.

García-Marzá, Domingo, *Ética empresarial. Del diálogo a la confianza*, Trotta, Madrid, 2004.

—: «¿Agentes de justicia? La responsabilidad social de las empresas como factor de desarrollo», en Adela Cortina y Gustavo Pereira (eds.), *Pobreza y libertad. Erradicar la pobreza desde el enfoque de las capacidades de Amartya Sen*, Tecnos, Madrid, 2009, pp. 193-209.

García Roca, Joaquín, *Exclusión social y contracultura de la solidaridad*, Ediciones HOAC, 1998.

—, Joaquín, *Cristianismo. Nuevos horizontes, viejas fronteras*, Diálogo, Valencia, 2016.

Gómez-Bezares, Fernando, *Ética, economía y finanzas*, Gobierno de La Rioja, 2001.

Goulet, Denis, *Ética del desarrollo*, IEPALA, Madrid, 1999.

Habermas, Jürgen, *Perfiles filosófico-políticos*, Taurus, Madrid, 1975.

Hirschman, Albert O., *Las pasiones y los intereses. Argumentos políticos a favor del capitalismo antes de su nacimiento*, FCE, México, 1979.

Iglesias, Enrique, «Estrategia para erradicar la pobreza en el siglo xxi», en varios autores, *La ética en la estrategia empresarial del siglo xxi*, Fundación ÉTNOR, Valencia, 2008, pp. 137-150.

Kant, Immanuel, *La fundamentación de la Metafísica de las Costumbres*, Espasa-Calpe, Madrid, 1946.

Lamo de Espinosa, Emilio, «La globalización cultural: ¿crisol, ensalada o gazpacho», *Mediterráneo Económico*, n.º 26, 2014, pp. 389-407.

Lozano, José Félix, *Códigos de ética para el mundo empresarial*, Trotta, Madrid, 2004.

Martínez, Emilio, *Ética del desarrollo de los pueblos*, Trotta, Madrid, 2000.

Milanovic, Branko. *Global Inequality. A New Approach for the Age of Globalization*, The Belknap Press of Harvard University Press, Cambridge, Londres, 2016.

Morell, Antonio, *La legitimación social de la pobreza*, Anthropos, Barcelona, 2002.

Moreno, José Ángel, «Semillas de economía alternativa», en Adela Cortina (coord.), *La responsabilidad ética de la sociedad civil*, *Mediterráneo Económico*, n.º 26, 2014, pp. 291-307.

Muñoz Machado, Santiago, *Sobre la pobreza y el derecho* (Discurso de Investidura como Doctor «Honoris Causa» por la Universidad de Valencia), Valencia, 7 de marzo de 2013.

Novales, Alfonso, «Crecimiento económico, desigualdad y pobreza», intervención en la sesión de la RACMYP de 21 de junio de 2011.

—, «Austeridad y desigualdad», intervención en la sesión de la RACMYP de 24 de febrero de 2015.

Olinto P., G. Lara y J. Saavedra, «Accelerating Poverty Reduction in a Less Poor World: The Roles of Growth and Inequality», *Policy Research Working Paper 6855*, The World Bank, Poverty Reduction and Equity Unit, 2014.

Pedrajas, Marta, y Samuel Choritz, *Getting to the Last Mile in Least Developed Countries*, United Nations Development Program, Nueva York, 2016.

Pereira, Gustavo, *Elements of a Critical Theory of Justice*, Palgrave Macmillan, UK, 2013.

Piketty, Thomas, *El capital en el siglo xxi*, FCE, Madrid, 2014.

Pinilla, Rafael, *La renta básica de ciudadanía*, Icaria, Barcelona, 2004.

—, *Más allá del bienestar. La renta básica de la ciudadanía como innovación social basada en la evidencia*, Icaria, Barcelona, 2006.

Ravallion, Martin, *The Economics of Poverty. History, Measurement and Policy*, Oxford University Press, 2016.

Raventós, Daniel, *El derecho a la existencia*, Ariel, Barcelona, 1999.

—, *La renta básica. Por una ciudadanía más libre, más igualitaria y más fraterna*, Ariel, Barcelona, 2001.

Renaut, Alain, *La era del individuo*, Destino, Barcelona, 1993.

Ruggie, John Gerard, *Just Business. Multinational Corporations and Human Rights*, W.W. Norton & Company, Nueva York, 2013.

Sachs, Jeffrey, *El fin de la pobreza y cómo conseguirlo*, Debate, Barcelona, 2005.

—, *La era del desarrollo sostenible*, Deusto, Barcelona, 2015.

Schwartz, Pedro, «La desigualdad: falso problema», intervención en la sesión de la RACMYP de 9 de febrero de 2016.

Sen, Amartya, *Commodities and Capabilities*, North-Holland, Ámsterdam, 1985.

—, «Elements of a theory of human rights», *Philosophy and Public Affairs*, 32/4, 2004, pp. 315-356.

Séneca, Lucio Anneo, Cartas a Lucilio, Libro II, Carta XVII, *Del bien de la pobreza*, *Obras Completas*, Aguilar, Madrid, 1966 a, pp. 470-472.

—, Cartas a Lucilio, Libro IX, Carta LIII, *Ventajas de la pobreza*, *Obras Completas*, Aguilar, Madrid, 1966 b, pp. 610-611.

Smith, Adam, *Una investigación sobre la naturaleza y causas de la riqueza de las naciones*, FCE, México (3.ª reimpresión), 1982.

—, *La teoría de los sentimientos morales*, Alianza, Madrid, 1997.

Streeten, Paul, y otros, *First Things First. Meeting Basic Human Needs in Developing Countries*, Oxford University Press, 1981.

Terceiro, Jaime, «Desigualdad y economía clientelar», intervención en la sesión de la RACMYP de 21 de junio de 2016.

Tortosa, José M., «Pobreza», en Jesús Conill (coord.), *Glosario para una sociedad intercultural*, Bancaja, Valencia, 2002, pp. 281-288.

Van Parijs, Philippe, *Libertad real para todos*, Paidós, Barcelona, 1995.

Velarde, Juan, «Ética de las finanzas», *Mediterráneo Económico*, 26, 2014, pp. 191-207.

Vives, Antonio, *La responsabilidad social de las empresas: enfoques ante la crisis*, Fundación Carolina, Madrid, 2010.

Vives, Juan Luis, *Tratado del socorro de los pobres*, Pre-textos, Valencia, 2006.

Walzer, Michael, *Interpretación y crítica social*, Nueva Visión, 1993.

Zamagni, Stefano, «El reto de la responsabilidad civil de la empresa», *Mediterráneo Económico*, 26, 2014, pp. 209-225.

8. HOSPITALIDAD COSMOPOLITA

Bertomeu, M.ª Julia, «De la apropiación privada a la adquisición común originaria del suelo. Un cambio metodológico 'menor' con consecuencias políticas revolucionarias», *Isegoría,* 2004, pp. 127-134.

Biblia de Jerusalén, Desclée de Brower, Bilbao, 1966.

Biset, Emmanuel, «Jacques Derrida, entre violencia y hospitalidad», *Daimon*, n.º 40, 2007, pp. 131-143.

—, *Violencia, justicia y política. Una lectura de Derrida*, Eduvim, Córdoba, 2012.

Calvo, Patrici, «Reciprocidad cordial: bases éticas de la cooperación», en *Ideas y Valores*, n.º 165, 2016, en prensa.

Conill, Jesús, *Ética hermenéutica*, Tecnos, Madrid, 2006.

Cortina, Adela, «Estudio Preliminar» a Immanuel Kant, *La Metafísica de las Costumbres*, Tecnos, Madrid, XV-XCI, 1989.

—, «El derecho a la guerra y la obligación de la paz», en Manuel Vázquez y Román de la Calle (eds.), *Filosofía y razón. Kant, 200 años*, Universidad de Valencia, 2005, pp. 25-44.

—, *Ética de la razón cordial*, Nobel, Oviedo, 2007.

—, «Hospitalidad cosmopolita», *El País*, 5 de diciembre de 2015.

—, y Jesús Conill, «Ethics of Vulnerability», en Aniceto Masferrer y Emilio García-Sánchez (eds.), *Human Dignity of the Vulnerable in the Age of Rights. Interdisciplinary Perspectives*, Springer, 45-62, 2016.

—, y José Ignacio Torreblanca, «Décalogo para la crisis de los refugiados», *El País*, 10 de marzo de 2016.

Derrida, Jacques, Entrevista en Staccato, 19-XII, 1997, *¡Palabra! Instantáneas Filosóficas*, Trotta, 2001, 49-56.

—, y Anne Dufourmantelle, *La hospitalidad*, Ediciones de la Flor, 2000.

Fougeret de Monbron, Louis-Charles, *Le cosmopolitisme ou le citoyen du monde, suivi de la capitale des Gaules ou la nouvelle Babylone*, ed. par R. Trousson, Bordeaux, Ducros, 1970.

Habermas, Jürgen, «Justicia y solidaridad», en K. O. Apel, A. Cortina, J. De Zan, D. Michelini (eds.), *Ética comunicativa y democracia*, Crítica, Barcelona, 1991, pp. 175-205.

—, «La idea kantiana de la paz perpetua. Desde la distancia histórica de 200 años», en *La inclusión del otro*, Paidós, Barcelona, 1999, pp. 147-188.

Hobbes, Thomas, *Leviatán*, FCE, México (2.ª ed. en español), 1980.

Kant, Immanuel, *Pedagogía*, Akal, Madrid, 1983.

—, *La paz perpetua*, Tecnos, Madrid, 1985.

—, *Lecciones de ética*, Crítica, Barcelona, 1988.

—, *La Metafísica de las Costumbres*, Tecnos, Madrid, 1989.

Lévinas, Emmanuel, *Totalidad e infinito*, Sígueme, Salamanca, 1977.

—, *Ética e infinito*, Visor, Madrid, 1991.

Mori, Massimo, «Kant and Cosmopolitanism», en Manuel Cândido Pimentel, Carlos Morujâo y Miguel Santos Silva (eds.): *Immanuel Kant nos 200 anos da sua norte*, Lisboa, Universidade Catolica Editora, 2006, pp. 307-320.

Renaut, Alain, y Patrick Savidan, «Les lumières critiques: Rousseau, Kant et Fichte», en Alain Renaut (dir.), *Histoire de la philosophie politique*, Calmann-Lévy, III, 1999.

Rousseau, Jean-Jacques, *Oeuvres completes*, Gallimard, París, 1969.

Sánchez Meca, Diego, «Com-padecer/sim-patizar: Hacia una filosofía de la hospitalidad», en Moisés González (ed.), *Filosofía y dolor*, Tecnos, Madrid, 2006, pp. 471-489.

Torralba, Francesc, *Sobre la hospitalidad*, PPC, Madrid, 2005.

—, «No olvidéis la hospitalidad», *Una exploración teológica*, PPC, Madrid, 2004.

Vives, Juan Luis, *Tratado del socorro de pobres*, Pre-textos, Valencia, 2006.

Vlachos, Georges, *La pensée politique de Kant. Métaphysique de l'ordre et dialectique du progrès*, Presses Universitaires de France, París, 1962.

NOTAS

1. UNA LACRA SIN NOMBRE

1. García Márquez, 1969, p. 9.
2. Zweig, 1957, p. 7.
3. Cortina, 2013.

2. LOS DELITOS DE ODIO AL POBRE

1. Glucksmann, 2005, p. 96.
2. *Informe sobre incidentes relacionados con los delitos de odio en España, 2014.* Ministerio del Interior, 2015, p. 3.
3. Chakraborti, Garland y Hardy, 2014.
4. La Recomendación n.º 7 de la Comisión Europea contra el Racismo y la Intolerancia (ECRI) (2007) identifica los discursos del odio con las expresiones que, difundidas intencionadamente, impliquen una incitación pública a la violencia, al odio o a la discriminación, así como insultos, difamaciones públicas por razón de raza, color, lengua, religión, nacionalidad u origen nacional o étnico. Lo hace en el apartado IV, dedicado al Derecho Penal, en el que entiende que la legislación debería penalizar la incitación pública a la violencia, el odio o la discriminación, los insultos en público y la difamación o las amenazas contra una persona o categoría de personas por su raza, color, idioma, religión, nacionalidad u origen nacional o étnico.

   La definición que el Tribunal Europeo de Derechos Humanos recoge del discurso del odio es la que aparece en la Recomendación (1977) 20 del Comité de Ministros del Consejo de Europa, que abarcaría «toda forma de expresión que propague, incite, promueva o justifique el odio racial, la xenofobia, el antisemitismo y cualquier otra forma de odio, fundado en la intolerancia, incluida la que se exprese en forma de nacionalismo agresivo y etnocentrismo, la discriminación y hostilidad contra las minorías, los inmigrantes y las personas nacidas de la inmigración» (Rey, 2015, p. 53, nota 4).

5. Observatorio Hatento, 2015 a, p. 29.
6. Cortina, 2000.
7. Estas tres primeras características están tomadas de Parekh, 2006. Según este autor, los discursos del odio: 1) se dirigen contra un determinado grupo de personas, sean musulmanes, judíos, indigentes, homosexuales, etcétera; 2) se estigmatiza a ese colectivo, asignándole estereotipos denigratorios, y 3) se considera que, en virtud de esas características, ese grupo no puede integrarse en la sociedad y debe ser tratado con desprecio y hostilidad.
8. Chakraborti, 2011.
9. Cortina, 1986, cap. 6; 2001, cap. 9.
10. Observatorio Hatento, 2015 b, p. 38.
11. Tercer Informe sobre los Delitos de Odio, 2015, p. 62.
12. Observatorio Hatento, 2015 b, p. 16.
13. Ibíd.

3. EL DISCURSO DEL ODIO

1. Este capítulo tiene su origen en una conferencia pronunciada en el I Workshop del Proyecto de Investigación «Protección de las minorías frente a los discursos del odio», dirigido por Juan A. Carrillo y Pedro Rivas, en la Universidad Loyola de Andalucía, en Sevilla, el 6 de octubre de 2016, y en mi intervención en la sesión de la Real Academia de Ciencias Morales y Políticas, el 25 de noviembre de 2016.
2. Título I. «De los derechos y deberes fundamentales». El Pacto Internacional de Derechos Civiles y Políticos, art. 19.3, afirma que las restricciones a la libertad de expresión deben ser fijadas por ley expresamente y ser necesarias para: a) asegurar el respeto de los derechos y de la reputación de los demás; b) la protección de la seguridad nacional, el orden público, o la salud o la moral públicas. El Art. 10.2 del Convenio Europeo de Derechos Humanos de 1950 menciona «la seguridad nacional, la integridad territorial o la seguridad pública, la defensa del orden y la prevención del delito, la protección de la salud o de la moral, la protección de la reputación o de los derechos ajenos, para impedir la divulgación de informaciones confidenciales o para garantizar la autoridad y la imparcialidad del Poder Judicial».
3. Observatorio Hatento, 2015 a, p. 29.
4. Para la conveniencia de derivar al Derecho Antidiscriminatorio casos de discurso del odio, véase Rey, 2015; Carrillo, en prensa.
5. Carrillo, 2015, pp. 208-211.
6. Becerril, 2015, pp. 11 y 12.

7. En este sentido es sumamente ilustrativo el Discurso de Ingreso de Santiago Muñoz Machado en la Real Academia de la Lengua Española sobre *Los itinerarios de la libertad de palabra* (Muñoz Machado, 2013).

8. Rey, 2015, pp. 49 y ss.

9. Rawls, 1996, pp. 85-89; Martínez-Torrón, 2016, p. 29.

10. Véase, por ejemplo, Hare & Weinstein, 2010.

11. Rey, 2015.

12. Ibíd.; Carrillo, en prensa.

13. Revenga, 2015 b. Aunque las posiciones de Estados Unidos y la Unión Europea se hayan ido acercando paulatinamente, mantenemos aquí los dos primeros modelos como tipos ideales, en el sentido de Max Weber.

14. Como ha mostrado, entre otros, Muñoz Machado, la libertad de hablar se plantea en primer lugar como libertad parlamentaria, que debe proteger a los miembros de las cámaras de la responsabilidad por las opiniones vertidas en los debates. Fue Moro el primero en plantearla en 1521 al rey Enrique VIII. Pero es la introducción de la imprenta la que plantea el problema del control de las comunicaciones (Muñoz Machado, 2013, cap. IV). El itinerario norteamericano, por su parte, sigue la línea de Locke, Trenchard y Gordon (véase ibíd., cap. V).

15. Para la evolución de la libertad de expresión en Estados Unidos de 1952 a 1978, véase Walker, 1994, cap. 6.

16. También el TC español, en la STC 174/2006, FJ 4 afirma que «la libertad de expresión comprende la libertad de crítica, aun cuando la misma sea desabrida y pueda molestar, inquietar y disgustar a quien se dirige, pues así lo requieren el pluralismo, la tolerancia y el espíritu de apertura, sin los cuales no existe sociedad democrática» (Revenga, 2015 b, p. 24, nota 20).

17. Loewenstein, 1937 a y b.

18. Barber, 2004; Cortina, 1993, pp. 102-107.

19. John Milton, 2011.

20. Constant, 1989.

21. Revenga, 2015, p. 30.

22. Kant, 1989, p. 15.

23. Ibíd., p. 40.

24. Hegel, 1975, parágrafo 33.

25. Conill, 2004; Conill y Gozálvez, 2004; Cortina, 1993; Cortina y García-Marzá, 2003; García-Marzá, 2004; Gracia, 1989; Lozano, 2004; Martínez Navarro, 2000.

26. Cortina, 1993.

27. Apel, 1985; Habermas, 1985.
28. Cortina, 2007.
29. Austin, 1982; Searle, 1980.
30. Apel, 1985; Habermas, 1985; Conill, 2006; Cortina, 2007; García-Marzá, 1992; Honneth, 1997; Ricœur, 2005; Siurana, 2003.
31. Apel, 1985, II, p. 380.
32. La Recomendación General n.º 35 del Comité de Naciones Unidas para la eliminación de la discriminación racial, aprobada en agosto de 2013, afirma: «La relación entre el rechazo del discurso de odio racista y el florecimiento de la libertad de expresión debe verse como complementaria, y no como la expresión de un juego de suma cero, en que la prioridad que se dé a uno sea a expensas del otro» (P. 11 de la Recomendación, en Rey, 2015, p. 86). Sin una ética cívica que camine en esa dirección resulta imposible.

4. NUESTRO CEREBRO ES APORÓFOBO

1. Eagleman, 2013, p. 224.
2. Sen, 2000; Conill, 2004.
3. Conill, 2004.
4. Cortina, 1986, 2001.
5. Taylor, 1993.
6. Marshall, 1998.
7. Cortina, 1997; Pogge, 2005.
8. Cortina, 1997; Pogge, 2005.
9. Kohlberg, 1981.
10. Aranguren, 1994.
11. Ovidio, *Metamorfosis*, LIBRO VII, 19-21.
12. San Pablo, Epístola a los Romanos, VII, 19.
13. Cortina, 2011 y 2012.
14. Amor Pan, 2015, pp. 23-27; Blanco, 2014.
15. Amor Pan, 2015, p. 53.
16. Amor Pan, 2015, pp. 43, 44 y 45.
17. Choudury y otros, 2009; Choudury y Slaby, 2011; García-Marzá, 2012.
18. Churchland, 2011, 3; Suhler and Churchland, 2011, p. 33.
19. Changeux, 1985 y 2010; Edelman y Tononi, 2002; Evers, 2010 y 2015; Fuster, 2014.
20. Eagleman, 2013, pp. 131-134.
21. Eagleman, 2013, p. 182.
22. Evers, 2015, pp. 1 y 2.

23. Edelman, 1992.
24. Evers, 2015, p. 4.
25. Damásio, 2011, pp. 51 y 52.
26. Churchland, 2011, p. 14.
27. Churchland, 2011; Cortina, 2011; Damásio, 2011; Evers, 2010 y 2015; Haidt, 2012; Hauser, 2008; Levy, 2007.
28. Evers, 2015, p. 4.
29. Nussbaum, 2001, pp. 301 y 302.
30. Rizzolatti y Sinigaglia, 2006; Jacoboni, 2009.
31. Smith, 1997, p. 52; Sen, 1977, 2002, pp. 35-37.
32. Evers, 2015, p. 5.
33. Wilson, 1993.
34. Véase, por ejemplo, Greene, 2007; Gazzaniga, 2006, pp. 172 y 173; Mora, 2007, pp. 79 y ss.
35. Greene, 2012; Gazzaniga, 2006, pp. 172 y 173; Mora, 2007, pp. 79 y ss.
36. Darwin, 2009, pp. 171 y 172.
37. Hauser, 2006, cap. 7; Cortina, 2011, cap. 4; 2012, pp. 9-38.
38. Hamilton, 1964 a, 1964 b.
39. Nowak y Sigmund, 2000, p. 819; Conill, 2012.
40. Kant, 1985, p. 38.
41. Codina, 2015.
42. Lewontin, Rose y Kamin, 1996.
43. Cortina, 2007, p. 125.

5. CONCIENCIA Y REPUTACIÓN

1. Fuentes, 2003, p. 10. Estos apartados tienen su origen en la intervención en la sesión de la Real Academia de Ciencias Morales y Políticas, el 17 de marzo de 2015, y en «Conciencia y reputación», *El País*, 22 de agosto de 2015.
2. «Man wird mit seinem schlechten Gewissen leichter fertig, als mit seinem schlechten Rufe», Nietzsche, 1999, parágrafo 52, p. 416.
3. Platón, 1969, Libro II, 360c.
4. Para un esclarecedor recorrido histórico sobre la noción de conciencia véase Gómez, 1998; Hill Jr., 1998; Ojakangas, 2013. Con una especial atención a Zubiri, Conill, 2009.
5. Moll, 2002, p. 2730; 2005, p. 807.
6. Haidt, 2012, p. 220.
7. Ibíd.
8. Una buena caracterización de naturalismo es la que ofrece Robert Audi al presentarlo como «la posición que sostiene que la naturaleza

—entendida como el universo físico— es todo lo que hay; en segundo lugar, que las únicas verdades básicas son las verdades de la naturaleza; y, en tercer lugar, que el único conocimiento sustantivo es el de los hechos naturales». (Audi, 2015, p. 28). Para la disputa sobre el naturalismo ético véanse, entre otros, Nuccetelli y Shea, 2012; Joyce, 2014; Kitcher, 2014; Ortega, 2016.

9. Darwin, 2009, p. 125.
10. Frans B. M. de Waal, 1992, 2006.
11. Darwin, 2009, p. 171.
12. Véase Richart, 2016.
13. Para una recopilación de interpretaciones de la conciencia desde una perspectiva evolucionista véase F. B. M. de Waal, P. S. Churchland, T. Pievani y S. Parmigiani (eds.), 2014.
14. «En el caso de los seres humanos, el egoísmo, la experiencia y la imitación se añaden seguramente a la capacidad de simpatía, como ha demostrado míster Bain; porque nos impulsa la esperanza de recibir el bien a cambio de realizar actos de amabilidad compasiva hacia los demás, y la compasión se ve muy reforzada por la costumbre. Por compleja que sea la manera en que este sentimiento se pueda haber originado, puesto que es de gran importancia para todos aquellos animales que se ayudan y se defienden mutuamente, tuvo que verse aumentado mediante selección natural; porque aquellas comunidades que incluían el mayor número de miembros más compasivos prosperaron más, y produjeron el mayor número de descendientes» (Darwin, 2009, pp. 137 y 138).
15. Trivers, 1971.
16. Esta convicción de que internalizamos las reglas sociales y de ahí la conducta altruista, es también compartida, entre otros, por Simon, 1990, Gintis, 2003, y Campbell.
17. Alexander, 1987.
18. Boehm, 2012, p. 14.
19. Darwin, 2009, p. 141.
20. Si así han sido las cosas, llevaba razón Hume al asegurar en su estudio de la naturaleza humana que el orgullo y el sentimiento de inferioridad son pasiones naturales y originales de los hombres, ligadas al sentimiento de simpatía. Los individuos se sienten orgullosos al contemplar su virtud, riqueza y poder, y esa impresión de orgullo es agradable, mientras que el sentimiento de inferioridad suscita la impresión opuesta. Vivimos de la opinión ajena y por eso «creemos ser más felices, y también más virtuosos y bellos, cuando así se lo parecemos a los demás, y aun nos jactamos más de nuestras virtudes que de nuestros placeres» (Hume, 1977, p. 472). Si las sensaciones más básicas en los seres humanos son las de *lo agradable* y *lo desagradable*, el

orgullo agrada y el sentimiento de inferioridad desagrada, y con ellos estaría muy ligada la vida moral.

21. Boehm, 2012, cap. VI.

22. Alexander, 1987, p. 102.

23. Boehm, 2012, p. 113.

24. Churchland, 2011, p. 192. Churchland asegura que «la moralidad es un fenómeno natural, constreñido por las fuerzas de la selección natural, enraizado en la neurobiología, configurado por la ecología local y modificado por los desarrollos culturales. No descansa en ideas metafísicas» (ibíd., p. 191).

25. Boehm, 2012, p. 32; Rawls, 1971, parágrafo 67. Para las bases neuronales que subyacen a la toma de decisiones basada en la reputación, véase, entre otros, Izuma, 2012.

26. Nowak y Sigmund, 2000.

27. Alexander, 1987.

28. Axelrod, 1984.

29. Wedekind y Milinski, 2000; Seinen y Schram, 2006; Engelmann y Fischbacher, 2009; Ito, Fujii, Ueno, Koseki, Tashiro y Mori, 2010-2011; Izuma, 2012.

30. Sin embargo, Ernst Fehr y Frédéric Schneider defienden una posición diferente en cuanto al poder de las señales de ojos para provocar conductas altruistas o prosociales. Véase Fehr y Schneider, 2010.

31. Bergson, 1996.

32. Darwin, 2009, nota 27, pp. 145 y 146.

33. «Las otras virtudes denominadas de respeto hacia sí mismo, que no afectan de manera evidente (aunque pueden hacerlo realmente) al bienestar de la tribu, nunca han sido estimadas por los salvajes, aunque ahora son muy apreciadas por las naciones civilizadas» (Darwin, 2009, p. 153).

34. Aunque pueda parecer contradictorio, dirá abiertamente «yo no puedo reconocer que estoy obligado a otros más que en la medida en que me obligo a mí mismo: porque la ley en virtud de la cual yo me considero obligado, procede en todos los casos de mi propia razón práctica, por la que soy coaccionado, siendo a la vez el que me coacciono a mí mismo» (Kant, 1989, p. 275).

35. Kant, 1946; Cortina, 2007, 2011 y 2013.

6. BIOMEJORA MORAL

1. Este capítulo tiene su origen en «¿Es la biomejora moral un imperativo ético?», en *Sistema*, n.° 230 (2013), pp. 3-14; «Neuromejora moral:

¿un camino prometedor ante el fracaso de la educación?», *Anales de la Real Academia de Ciencias Morales y Políticas*, n.° 90, 2013, pp. 313-331.

2. Harris, 2009.
3. Safire, 2002, pp. 3-9; Cortina, 2011, pp. 36-39.
4. Buchanan, 2011, p. 23.
5. Savulescu, 2012, pp. 313 y 314.
6. Savulescu y Bostrom, 2009, pp. 1-24.
7. Bostrom, 2005.
8. Huxley, 1927.
9. Douglas, 2008, p. 228. Douglas reconoce, sin embargo, que algunos autores no se oponen a toda suerte de mejoras, sino que son selectivos (ibíd., nota 7, p. 243).
10. Sandel, 2007; Fukuyama, 2002; Kass, 2004.
11. Buchanan, 2011, p. 13.
12. Allen Buchanan, por su parte, propone embarcarse en una «empresa de mejora» (*enhancement enterprise*), que continúe la línea de la humanidad, que siempre ha tratado de mejorar. Se trata de construir una sociedad que dé libertad a individuos y organizaciones para que desarrollen las técnicas de mejora, dediquen recursos públicos a la investigación, creen un debate público e informado sobre el tema y desarrollen políticas moralmente posibles sobre el tema.
13. Sandel, 2007, pp. 89-92.
14. Douglas, 2008, p. 229.
15. Ibíd., p. 233.
16. Savulescu, 2012, p. 216.
17. Savulescu y Persson, 2012.
18. Apel, 1985, p. 342.
19. Jonas, 1994.
20. Cela y Ayala, 2001, cap. 11; Cortina, 2011, cap. 4.
21. Tomasello, 2010.
22. Savulescu, 2012, p. 231.
23. Hamilton, 1964, 1964 b; Axelrod y Hamilton, 1981; Axelrod 1984; Skyrms, 1996; Nowak and Sigmund, 2000, p. 819; Levy, 2007; Hauser, 2008, p. 340; Tomasello, 2010 y Cortina, 2011.
24. Conill, 2012; Kahneman, 2011.
25. En este juego, si fuera verdad que la racionalidad humana es la que trata de maximizar el beneficio, los respondentes racionales deberían aceptar cualquier oferta que fuera superior a cero, y el proponente racional debería ofrecer la cantidad más cercana posible al cero para ganar más. Pero resulta ser que los respondentes tienden a rechazar ofertas inferiores al 30 % del total, porque prefieren no recibir nada

a recibir una cantidad humillante, y por eso los proponentes tienden a ofrecer del 40 al 50 % del total para poder ganar una parte (Nowak y otros, 2000. Muy similar al juego del ultimátum es el del dictador.

26. Jensen, Call y Tomasello, 2007, pp. 107-109; Tomasello, 2010, pp. 56 y 57.
27. Hume, 1977, p. 704.
28. Kant, 1989, p. 321.
29. Marcus, 2002; Krause, 2008.
30. Savulescu, 2012, p. 216.
31. Morgado, 2010.
32. Cortina, 2011, cap. 9.
33. Haidt, 2012, 2012b; Cortina, 2011, pp. 61-65.
34. Haidt, 2012, p. 220.
35. Ibíd., p. 201. Por su parte, Patricia Churchland verá en la oxitocina una de las bases biológicas de la moralidad, centrada, según ella, en el cuidado. Véase Churchland, 2011.
36. Cortina, 2007; Codina, 2015; Pires, 2015.
37. Savulescu, 2012, pp. 240 y 241.
38. Agar, 1999; Habermas, 2002.
39. Kant, 1989, p. 329.

7. ERRADICAR LA POBREZA, REDUCIR LA DESIGUALDAD

1. Smith, 1997, p. 338.
2. Smith, 1997, p. 138.
3. Tortosa, 2002, p. 282.
4. Sachs, 2005; Conill, 2009.
5. Sen, 1985; Cortina y Pereira, 2009, pp. 17-19.
6. Sachs, 2005, pp. 51-55.
7. Sen, 2000.
8. Aristóteles, 1985, p. 20.
9. Streeten, 1981.
10. Ravallion, 2016, p. 9.
11. Cortina y Conill, 2016.
12. Séneca, 1966a.
13. Séneca, 1966b, p. 610.
14. Cortina, 2002.
15. Ravallion, 2016.
16. Véase también para la historia del pensamiento sobre la pobreza Morell, 2002.
17. Ravallion, 2016, pp. 593 y 594, *passim*.

18. Kant, 1946, p. 84.
19. Drèze y Sen, 1989; Ravallion, p. 29.
20. Ravallion, 2016, p. 4.
21. Aristóteles, 1970, VI, cap. 11.
22. Aristóteles, 1970, I, cap. 6.
23. Vives, 2006, p. 173.
24. Vives, 2006, p. 174.
25. Muñoz Machado, 2013, p. 25.
26. Ravallion, 2016, p. 593.
27. Iglesias, 2008, p. 141.
28. Iglesias, 2008, p. 140.
29. Habermas, 1975, p. 57; Walzer, 1993.
30. García Roca, 2016 y 1998.
31. Renaut, 1993.
32. Sen, 2004.
33. Gómez-Bezares, 2001; Ansotegui, Gómez-Bezares y González Fabre, 2014.
34. Lamo de Espinosa, 2014.
35. Sachs, 2015.
36. Iglesias, 2007.
37. Novales, 2015, p. 1.
38. Piketty, 2014.
39. Novales, 2015, pp. 1 y 2.
40. Terceiro, 2016.
41. Olinto, Lara y Saavedra, 2014.
42. Terceiro, 2016, p. 3.
43. Crocker, 2008.
44. Van Parijs, 1995; Raventós, 1999 y 2001; Pinilla, 2004 y 2006.
45. Novales, 2015, p. 2.
46. Escudero, 2005; Sachs, 2015.
47. Ruggie, 2013; García-Marzá, 2009.
48. García-Marzá, 2004 y 2014.
49. Vives, 2010.
50. Conill, 2004.
51. Zamagni, 2014, p. 223.
52. Moreno, 2014.
53. Moreno, 2014, p. 294.
54. García Delgado, Triguero y Jiménez, 2014.
55. Smith, 1982, p. 17.
56. Francisco, 2015.
57. Conill, 2012.
58. Cortina, 2001, 2007 y 2013.

8. Hospitalidad cosmopolita

1. Kant, 1983, pp. 29 y ss. Este capítulo tiene su origen en una conferencia pronunciada en el Centro de Estudios Políticos y Constitucionales el 8 de octubre de 2015, y en el artículo «Hospitalidad cosmopolita», publicado en *El País*, el 5 de diciembre de 2015.
2. Génesis, 18, 1-15.
3. Hebreos, 13, 2.
4. Para un estudio de la hospitalidad en la Biblia, véase Torralba, 2004 y 2005.
5. Mateo, 25, 35.
6. Vives, 2006.
7. Kant, 1988, pp. 283-285; 1989, parágrafo 48.
8. Kant, 1988, p. 283.
9. Kant, 1989, p. 350.
10. Kant, 1989, pp. 350 y 351.
11. Kant, 1988, p. 284.
12. Kant, 1989, p. 351.
13. Fougeret de Monbron, 1970, p. 30.
14. Rousseau, 1969, IV, p. 249.
15. Mori, 2006, p. 308.
16. El opúsculo se integra en el conjunto de trabajos kantianos sobre ética, política, derecho y filosofía de la historia, y está ligado fundamentalmente a textos como *Idea de una historia universal en sentido cosmopolita* (1784), *En torno al tópico «tal vez eso sea correcto en teoría, pero no sirve para la práctica»* (1793), *La Metafísica de las Costumbres* (1797) y los tratados de *Pedagogía* (1803).
17. «Puede dejarse a un lado la cuestión de si esta satírica inscripción, escrita en el rótulo de una posada holandesa en el que había dibujado un cementerio, interesa a los hombres en general, o a los jefes de Estado en particular, que no llegan nunca a estar hartos de la guerra, o exclusivamente a los filósofos, que anhelan ese dulce sueño» (Immanuel Kant, 1985, p. 3).
18. Cortina, 1989, XV-XCI.
19. Kant, 1989, p. 195.
20. Hobbes, 1980, p. 102.
21. Kant, 1985, p. 27.
22. Habermas, 1999, pp. 147-188; Renaut y Savidan, 1999, pp. 189-192; Cortina, 2005.
23. Renaut y Savidan, 1999, pp. 189-192.
24. Kant, 1985, 27; 1989, p. 78.
25. Kant, 1985, p. 27.

26. Kant, 1989, p. 78.
27. Bertomeu, 2004.
28. Kant, 1985, p. 28; 1989, p. 193; Renaut y Savidan, p. 197.
29. Kant, 1985, p. 28.
30. Vlachos, 1962, pp. 284 y 285.
31. Lévinas, 1977 y 1991.
32. Derrida, 2001.
33. Lévinas, 1991, p. 90.
34. Sánchez Meca, 2006, p. 488.
35. Jacques Derrida; Anne Dufourmantelle, 2000.
36. Biset, 2012, p. 256.
37. Cortina, 2015; Cortina y Torreblanca, 2016.
38. Cortina y Conill, 2016.
39. Cortina, 2007.